ちくま文庫

地球のレッスン

北山耕平

筑摩書房

この本をあなたにささげます

これは教えについての本です。
地球という星で生き残るための意識を整え
生き方の基本を確認しておきたいと望む
すべてのひとのために残しておきます。
なによりも未来の世代のために
知ること　受け入れること
実践することをとおして内なる平和を求め
生きている地球の大地や精神と
分別あるつながりを求めつつ
地球とひとつになった自分を守るための
道案内になることを祈ります。

もくじ

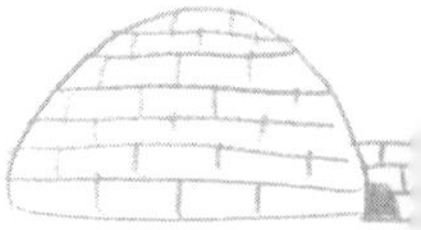

地球のレッスン

表紙・本文イラスト
長崎訓子（PLATINUM STUDIO）

ブックデザイン
相馬章宏（CONCORDE GRAPHICS）

イントロダクション

蛙はけして自分の住む池の水を飲み干したりはしない

ここに集めた詩や、考え方や、教えは、この三十年間にぼくの周囲に風に舞って運ばれてきたものです。そうした葉の一枚一枚を、言葉のひとつひとつを、それぞれの教えを、ぼくは意識して集めてきました。時折、季節の変わり目を告げるかのように強い風が吹いて何枚もの葉が飛び散っていきました。それでも自分のすぐ近くに残り続けていた教えの記された葉を、三十年前に『自然のレッスン』という本を作ったときのように、もう一度まとめておくことにしました。

認めてくれる人は少ないかもしれませんが、ぼくの意識のなかでは、こうしたものをどれも詩として受けとめています。詩というのは、ぼくにとっては羽根の生えた言葉です。ここに集められた詩のなかには、最近風に舞って運ばれてきたものも、情報の海に浮いていた瓶の中に閉じ込められていたものもあるし、地球に生きるネイティブの人たちから託されたものもあります。図書館で読んでいた本のなかから形をあらわしたものも、何十年も前に、ぼくがなにかを探して沙漠の中をひとりで歩いているとき、風を切るように円を描いて空を舞っていた鷹から落とされたものも、また何キロも遠くからぼくに向かってまっすぐ歩いてきて、すぐ近くまで来て立ち止まったコヨーテの兄弟から預かったものなどもあります。

こうしたものは、みなすべてなにかの印でしたが、ぼくにとっては教えであり詩でもありました。

ぼくは便利な物が世の中にあふれてくるのを見て育ちました。子供の頃の自分には見たことのなかったものに囲まれて暮らしています。たとえば食べ物。インスタント食品が初めて登場したときのことを忘れません。家族で丼にインスタントラーメンを入れお湯を注いで蓋《ふた》をして三分間待って食べました。その味は記憶に焼きついています。家族がそろって食べた最初のインスタント食品でした。今ではインスタント食品はひとりで食べるのが基本のようです。

ぼくがアメリカにいた頃はインスタント食品のＴＶディナーが全盛の頃でした。オーブンに入れて温めればそのまま食べられる夕食のことです。どこのスーパーマーケットでも売られていて、寂しい人たちがテレビを観ながらその簡易食を食べていたのです。ところがぼくはそのアメリカで、人間の意識に食が与える力の大きさについてさまざまに学びました。「なにか胃にたまるもの」と食事は別のものだったのです。米や玄米の炊き方や味噌スープの作り方をきちんと学んだのもアメリカでのことでした。

いつか食にたいする考え方にも大きな変化が来るだろうと、なにが人間の食には重要なのか、そして便利なものの増えていく世界のなかで忘れてはならない規則や原則を、いくつも集めてまわり、のちにぼくは『自然のレッスン』という最初の詩集に書き込みました。

しかしファストフードが世界の隅々にまで普及する時代が来ます。今ではさまざまなファストフードがあふれるようになりました。ファストフードなしで食を考えられない人もたくさんいます。今ではどこのスーパーマーケットでもポテトサラダを売っていますが、この「二十四時間以内にお食べください」というシールが貼られたトレイのなかのポテトサラダと、子供の頃に母親がポテトをゆでて、きゅうりなどを刻んで作ってくれていたポテトサラダとでは、決定的になにかが違います。

ファストフードの時代になればなるほど、子どもたちは食べ物がどこからもたらされているのかへの関心を薄めていきます。チェーンのレストランなどでは、食べ物はどこかの工場から送られてくるものを温めるだけのような店までたくさんあります。ポップコーンがトウモロコシから作られ、ポテトチップがジャガイモから作られることを知らない子どもたちだっています。世界がファストフードであふれるようになる頃、あらゆるものに便利でお手軽なものを求めるようになっていました。

世界からリアルなものが姿を消していました。インターネットがそれに拍車をかけています。今では街の書店に行けば、簡単になにかがマスターできたり、サルでも理解できるように書き直されたりした入門の本、三日で悟りに行けるようにしてくれたり、簡単にお金が稼げて新しい生き方が自分のものになることを謳ったりする書籍など、無数の快適な人生を提供する心のファストフードがあふれています。一度読んだら捨てられたり売られたりする本を、木を切り倒してつくる紙に印刷する必要などないのではないか。ぼくはそうした本はリアルな本ではないと考えるようになりました。

ぼくがこれまで書いてきた本はどれも、ちょっとした満腹感を与えるためだけのファストフードではありません。この本にも簡単に成し遂げられることはなにひとつ書かれていません。『自然のレッスン』が体と頭に働きかけたのとおなじことを、この『地球のレッスン』は心と魂に向けて行なおうとしています。人間が辿ることになる最も長い旅路は、頭からハートへと続く道だと、のちにぼくは教わりました。この人生で辿り着くことができるのかどうかはわかりませんが、歩き出して、前を見て歩き続ければ、いつか着くだろうと楽観的に考えています。

ぼくは七〇年代の初めに大学生として世界を知りはじめました。実際、あのときは大変なことがいっぺんに世界的規模で起こっていました。世界はぐちゃぐちゃになりかけていて、そして急激にぐちゃぐちゃになっていきました。

人間が月に行ったり、月から見た地球の映像が家のテレビに映し出されたり、テレビで実際の戦争が中継されたり、ロックが音楽の枠を越えて政治や人間の生き方に影響を与えたり、今まで作りあげられてきた中産階級的な生き方がほころびを見せはじめたり、バブルがさまざまな形でじわりと広がりはじめたり、持つ者と持たざる者の差別があらわになってきたり、空気や水がどんどん汚れて公害という言葉が使われるようになり、人間の手に負えない病気が広まったり、廃棄物の処理のことなど考えない原子力発電所が増殖し、自然が少しずつ撤退をはじめて不自然が世界をとりまくようになったり、アメリカ・インディアンたちがサンフランシスコの海に浮かぶ小さな島を占領して「アメリカはわれわれの土地だ」と宣言し直したり、国境や国家を越えたところで人と人とをつなげようという動きが盛んになったり、人種や民族や宗教の対立がことさらにあおられたり。世界は大きく変わりはじめていました。

やがてベルリンの壁が倒されたり、人びとが愚かな振る舞いを繰り返すようになっていって、資本主義にも限界が見え隠れするようになるわけですが、ぼくはそうしたただならぬ変化がはじまったばかりの世界に向かって旅立ったのです。

二十代から三十代にかけて、ぼくは旅を続けました。いろいろな言葉を話すさまざまな人たちと出会い、自分が誰で、なぜこんな事をしているのかについて考え、話を聞いていきました。与えられるハイもローも経験しました。

どういう生き方をすれば生き延びられるのか？　ほんとうにたいせつなこととはなにか？　ぼくは解き放たれた矢のように飛んでいきました。そしてある朝目を覚ましたときにはロサンジェルスのホテル、ホリデイ・イン・ハリウッドの部屋にいる自分を発見しました。持ち物はスーツケースひとつだけ。

ぼくはそれから五年間ぐらいかけてアメリカで生き延びながら、自分の生まれた世界についての学びを続けました。人間はその一生をずっとコンクリートのうえだけで、山のようなビル群の作る渓谷のなかだけで過ごすべきではないと知ったのもその頃でした。ほんとうの自然があるところまで行かなければ思い出せないこともあるのです。

その過程でアメリカ・インディアンと呼ばれる人たちの存在に心を奪われ、彼らのなかに入り込み、自分がどこにいてどこへ向かっているのかをあらためて思い出させてもらい、自分に道を指し示してくれた何人かの知者やエルダーと会うことができました。

自分たちのことを「地球に生きる普通の人間」と見ている存在との忘れられない出会い。アメリカではコロンブスが来るまで「いのちの輪の中に正しい場所を得て、地球に生きる普通の人間として魂が旅する時代」が続いていたという偉大な気づきは、ぼくの精神のある部分を地球にしっかりとつなぎ止める働きをしました。ぼくにはこの地球という星でやらなくてはならないことがあったのだ、と。

そしてアメリカでインディアンのことを学べば学ぶほど、自分が誰なのか、日本人というのはなになのか、についての関心も高まっていきました。というより、ぼくたち日本人のなかにある「ネイティブ・アメリカンの人たちとつながる部分」に目を向けなくてはならなくなっていったのです。

同時に「ネイティブ・アメリカンから遠く離れてしまっている自己」とも向き合わねばなりませんでした。あらゆる機会を通じてアメリカ・インディアンとして世界を見る見方を学ぶうちに、自分のなかでさまざまなものが動きはじめました。ぼくたちが現在持っているネイティブの部分と、あらかじめ失ってしまっているネイティブの部分。大地から切り離されていた自分と、大地との関係を修復したがっている自分。地球という太陽系の第三惑星という星で、ネイティブとして生きるとはどういうことなのか？

結局ぼくは、自分が日本列島になぜ生まれたのか、その理由を深く知るためにこの国土に戻されることになりました。自分のなかのなにがこの大地と、本州と呼ばれる小さくて大きな島とつながっているのかを、ひとりの「インディアン」としてあらためて見直すため、そして学びなおすための作業を続けることになるのです。この学びは誰かに言われてする勉強ではなく、自発的なものですから、終わることはありませんでした。

三十代から四十代にかけて、ぼくは日本列島のさまざまなところを見て回り、たくさんの人たちと会いました。学びの旅は終わってはいませんでした。アメリカ・インディアンのもとで学んだ世界の見方で、ぼくは日本列島の上にあるものひとつひとつを見直す作業に没頭したのです。

どうして日本列島の自然はこんな風に無残に姿を変えられて、不自然を自然と思い込むに至ったのか？　日本列島にいたインディアンはなにをきっかけに日本人となり、土地に世界最高の値段をつけて売り買いするまでに至ったのか？　根の深いところに焼き込まれてトラウマ《心的外傷》になっている「差別」はどこから来ているのか？

アイヌの人たちのみならず、日本列島にいたであろうさまざまなネイティブ・ピープル、オリジナルの人たちの痕跡と影を追跡する作業に、ぼくはひたすらのめりこみました。右の人たちとも左の人たちとも、上の人たちとも下の人たちとも、危ない人たちとも危なくない人たちとも会いました。世界の見方のバランスを取りながら、どのようにしてぼくたちが「日本人」になるかわりに地球のネイティブとして生きる道を捨てることになったのかを検証していかなくてはならなかったのです。

同時に、たくさんの歴史について書かれた書籍の森のなかの旅もはじめました。あまりにも古いことなので、日本列島で歴史がはじまったときになにが起こったのかを語ってくれる人はもういませんでした。日本列島にいた最初のオリジナルな人たちが、どのようなプロセスを経て「日本人」になっていったのかを、ぼくは知りたいと考えました。ぼくの魂は、日本列島でなにが起こったのかについてのほんとうのことを知りたがっていました。

アメリカ・インディアンの世界の見方を通してぼくは、地球を全体として眺めると、地球のいろいろなところに大地とつながって生きている最初の人たちがいたことを知ることができました。その人たちは天地創造に際してある種の約束を偉大なる存在と交わしたうえで、それぞれの大地を与えられてそこを守る生き方、すべてのいのちが与えられた役割を満足して送る生き方を選択していました。集金組織としての巨大宗教はいまだひとつも存在せず、人びとはあらためてそれと気がつく必要もなく、一日じゅう信仰のなかで生活していました。そうした時代には便利なものなどあまりありません。

やがて人間にとって便利なものが続々と産み出されて、あるとき、大地から切り離された人間だけが中心だと思い込む時代が訪れてしまいます。世界は便利なものであふれかえり、人間は自然を支配できると考える時代が来て、その結果、母なる地球が瀕死の状態に陥り、人びとが自滅に向かう輪を編み出す頃、最終的に、世界平和をタテマエとした宗教戦争が各地で起こるようになると、人びとが愚かな振る舞いを勝手に至るところで行うようになるでしょう。

そのときはじめて、あらゆる権威が崩壊して混乱した価値のなかで、ぼくたちの魂は地球に生きる人間としてほんとうに大切なものを求めはじめます。

地球を母親として見て、その母親をいたわるように生きてきた人たちがなにを知っていたのか、どういう生き方を後の世代に伝えようとしたのかを知ることは、おそらくこの地球で生き残るために最低限必要なことになるはずです。

五十代になるとぼくは、自分がそれまでに知り得たことを次の世代とわけあうための方法を模索しはじめました。なぜ「地球に生きる普通の人間」と自らを呼ぶ人たちにこだわり続けるのか。その人たちはなにを知っているのか？なぜ彼らのような生き方がもう一度求められるときがくると信じているのか？

都市のなかで育つことを初めから求められていた世代にとって『自然のレッスン』が少しだけそこから飛び出る勇気を与え、自然についての新しい視点を提示したように、日本人としての自分のことしか考えられなくなって硬直化しつつある人たちのために、そして未来を生きる世代のために、もう一度地球に生きる普通の人に還るための覚書を残しておくことは意味があるでしょう。

ぼくたちの傷ついた魂の歴史もそこからはじまったのですから。そしてその部分を忘れ去ることで「日本人」になってきたのですから。

「日本人」として生きる生き方と、「地球に生きる人間」としての生き方というふたつの世界の間で、自然なるものにたいするいっさいの偏狭な差別を終わらせてバランスをとる方法を、ぼくたちはこれから発見しなくてはなりません。

この本は、そのときに役に立つはずです。しかし、これはあなたの心のファストフードにはなりえません。インスタントな解決策はなにひとつ書かれていません。もう一度自分は「地球に生きる人間」となると、あらためて心を決めた人のための地球の優しい歩き方について書いてあるからです。オリジナルの人と出会うために、これは自分の足で歩いていくための教則本なのです。

ぼくは聖人でもないし、とりたてて清い心を持っているわけでもありません。これまで生きてくるあいだにたくさんの素晴らしい、スピリチュアルな人たちと出会ってはきましたが、みな生身の人間であり、自らを「聖人」などという人とは会ったことがありませんでした。

世の中には自分を聖人だと思い込んでいる人も、思い込まされている人もいるようですが、みなちゃんと出会ってみれば背中に羽根がついていることもないし、雲に乗っかっているわけでもなく、雲間から音楽と共に光が当たるような存在ではありませんでした。自分がひとりの地球に生きる人間であることを忘れているだけかもしれませんが、そんな人がもしいたとしたら、きっとあまりの退屈さと窮屈さに「大変ですね」のひと言でもかけてあげたくなると思います。

わたしたちはみな役割を与えられて地球に生かされているにすぎません。若いときは、自分がなにをするためにここに生まれてきたのか知るのはむずかしいことです。この世界で起こっているいろいろなことに興味を持つでしょう。セックスの力に翻弄《ほんろう》されそうになる自分を体験することもあるでしょう。セックスの誘惑は時としてその強烈な力で遠くを見る目を曇らせてしまうことがあります。その力は、あなたがそれを使うのにふさわしいと思える相手にだけ使うようにしましょう。セックスの力を意識してコントロールする心の使い方を訓練すれば、その他の大切なことやものをミスすることも減って、地球の旅は豊かになります。

体験しなくてはならないことは山のようにあるのです。なんて辛い人生なんだろうと思えることも多いはずです。しかし、その人生という道の所々で、誰かが、なにかが、あなたを引き留めるような気がすることがあるかもしれない。そういうとき、立ち止まって振り返り、辺りを見まわしてみるようにする。自分のやるべきこととはそうしたなかで出会うものです。

そしてそれを見つけたら、それを、自分の進むべき道をしっかりと見続けて、確信と共に歩いて行くことです。人生はいちどだけなどではありません。ぼくの出会った偉大な存在は、自分は四回目の人生を送っている、と語っていました。過去に生きた記憶を持っている人もいるでしょう。過去生の自分は、今回の人生をより良くするための教えなのです。

やるべき事をやり終えるまで、あなたの旅は続き、魂はこの星にとどまり続けるのです。自分に与えられた特別な時間を無駄に使わないようにしてください。

ぼくは、言葉には羽根のついたものがあり、そうした言葉は風に乗って広まると信じています。ほんとうのことを伝える方法を長いこと模索してきましたが、結局は言葉を使うしかないのです。言葉は旅をし、思考も旅をします。ぼくは羽根を生やした言葉となって風に乗って旅を続けるでしょう。

ひとりの地球で生きる人間であることは、本腰を入れて取り組まなくてはならない勤めです。もしわたしたちに地球を破壊しその息を止められるぐらいの力が与えられているのなら、わたしたちはその生き方を改めることで、母なる地球のいのちを救うこともできるのです。

もういちど、あなたと地球に生きる普通の人として会いましょう。

己丑《つちのとうし》の年、冬、武蔵野にて

北山耕平

第一部
ハートへのレッスン

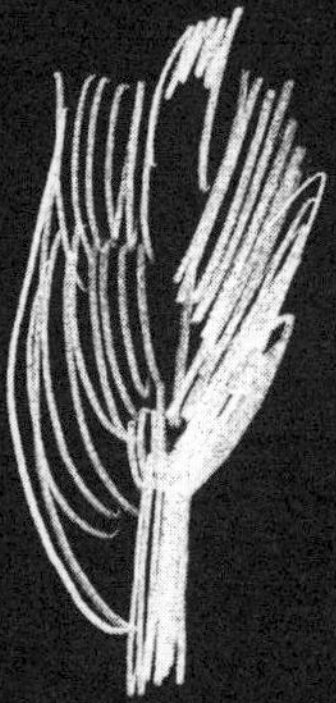

大いなる疑問

われわれは誰なのか?
なぜこの地球にいるのか?

「真によいヴィジョンは生きるために必要である。そしてそうしたヴィジョンを持ったなら、その人間は、鷲《わし》が空の色の最も深い青いところを求めるがごとく、そのヴィジョンに従わなくてはならない」

——チーフ・クレイジー・ホース、ラコタ一族　一八五〇年頃の言葉

大いなる疑問　その二

自然とはなにか?
自然とはなにでないのか?

とりあえずなにが自然なのかを常に考えながら日常生活を送ることで、われわれの意識も少しずつ変わってくる。意識が高まると自然を知る能力も高まる。自然を知る能力が高まると、地球が生きものであることがわかりはじめる。地球が生きものであることがわかるようになると、やがて地球がひとりの女性であることに気づく瞬間が訪れる。

地球はひとりの女性である

地球はひとりの生きている女性であり
それは意志を持ち
健《すこ》やかでありたいと自ら願っており
精神的にも肉体的にも、好不調がある。

地球を敬う

地球を大切にすること
それはまず女性への尊敬にはじまる。

地球でいかに生きるか

この惑星の上でいかに生きればよいのかは
すべて夜空の星たちに描き込まれている。

ぼくは神が誰であろうとかまわない

これまで出会ったネイティブ・ピープルの大半が、神が誰であろうとかまわない、という考え方をしていた。実際のところ彼らは誰もがみな「どんな神でも神は神」というきわめてオープンな受けとめ方をしていた。彼らはスピリチュアルな人、スピリチュアルな世界に触れている人からなら学ぶことがいくらでもあると信じていた。彼らの信念体系はつねにあらゆる可能性に対してひらかれていた。それを「オープン・スピリチュアル・システム」と呼んでもいい。

ぼくはその心の姿勢から多くを学んだ。

オープン・スピリチュアル・システムは、最終的にただひとつの偉大なものの存在を認める。すべてを、この世界を、創造された存在がおられると。それはぼくたち誰もの理解を超えているぐらい神秘的であるがゆえに、人間はみなひとりひとりが、必死にそれを手探りしている。ぼくたちひとりひとりがそれぞれの探しているものをみなでわけあうことができるなら、ぼくたちを創られたものについての理解もより深まるだろう。質素でスピリチュアルな生き方を可能にするためには、狭義の意味の霊的なものにこだわるだけでなく、できうるかぎり広い精神的な基盤――人間も、動物も、植物も、鉱物も、そのすべてをスピリチュアルなものとして取り込めるような、オープンで広々とした精神的な土台を、求めなくてはならない。

ネイティブ・ピープルによれば「動物」とは

「動物というのは、
動物の服を着た人のことだ」
――ジョニー・モーゼス、
ヌートカ一族のストーリーテラーの言葉

グレイトスピリットの創られしもの

この地球を創られる際に
グレイトスピリットはなにひとつとして無駄なものなどは創られなかった。
だから、他の人や人たちを見て
その人やその人たちが自分よりも劣っていると考えたときは
あなたはこの事実を思い出さなくてはならない。
あなたが他の人や人たちを裁いたのと同じルールで
あなたはグレイトスピリットによって裁かれることになるのだから。

インナー・フリーダム（心に自由を）

地球で人として生きていくためには
こころの内側における自由を獲得する必要がある。
そのための重要な方法のひとつは
自分の内側に入り込み、その内部をことこまかに観察し
その過程で遭遇するネガティブな感情のひとつひとつを
解き放つことである。

世界が創られたときに授けられた神聖な教え

一、母なる地球と他の三つの色の人間を大切にすること。

一、母なる地球とそこから産み出されたものを敬うこと。

一、すべてのいのちを讃え、その讃えることの力となること。

一、すべてのいのちに心からの感謝を。
いのちは生き残りの鍵を握るもの。
あらゆるいのちについて造化の神に感謝をすること。

一、愛して、その愛を表現すること。

一、謙虚であること。謙虚は知恵と理解の贈り物。

一、思いやること。自分を思いやり、他を思いやること。

一、わけあうこと。こころのうちをわけあい
　　個人の関心事をわけあい、やることをわけあうこと。

一、自分に対しても、他に対しても、正直であること。

これらの責任ある神聖ないいつけを守り、
他の国々の人びととわけあいなさい。

カナダのケベック州マニワキにあるキティガン・ズィビ居留地（Kitigan Zibi Reserve）生まれのアルゴンキン一族のセレモニアル・メディスン・キーパーであるフランク・ディコンティと、アルゴンキン国の神聖なワンパム・ベルトの守護者でありスピリチュアル・エルダーのウィリアム・コマンダのふたりによれば、天地創造の際に創造主より赤、黄、黒、白の四つの肌の色のネイティブ・ピープルに授けられた聖なる訓示とは、以上九条である。

パーフェクト・ワールド

世界が完璧になるのは
あなたが目をひらいて
完璧な世界なんて
存在しないのだと
理解したとき。

頭のよい人ほど神が必要

人は頭がよくなればよくなるほど
自分がなんでも知っていると考えることから
その身を守っていただくために
偉大なる存在を必要とする。

完璧なものなどない

完璧なものなど世界には存在しない。
あるのは、完璧に向かおうとする意志だけ。

七世代後の子どもたち

今より七世代後の子どもたちに
与える影響を考えながら
あらゆる行動はおこされなくてはならない。

――チェロキー一族の言い伝え

ローリング・サンダーによれば グレイトスピリットの示された七つの掟とは

正当な権威を敬え
祖父母を、チーフたちを
メディスン・ピープルたちを
祖母なる月を、母なる地球を
なにであれいのちあるものを
敬え

自然の美を守り奨励せよ

優しさと知恵を持って裁け
極端に走ることなく
あらゆるもののなかに中庸を求めよ
人生のゲームにおいては公正をむねとすべし
名誉をかけた約束は神聖なものなり
違いを敬え
みなが同じなら
この世界はつまらないものになる

ライフ・サイクル

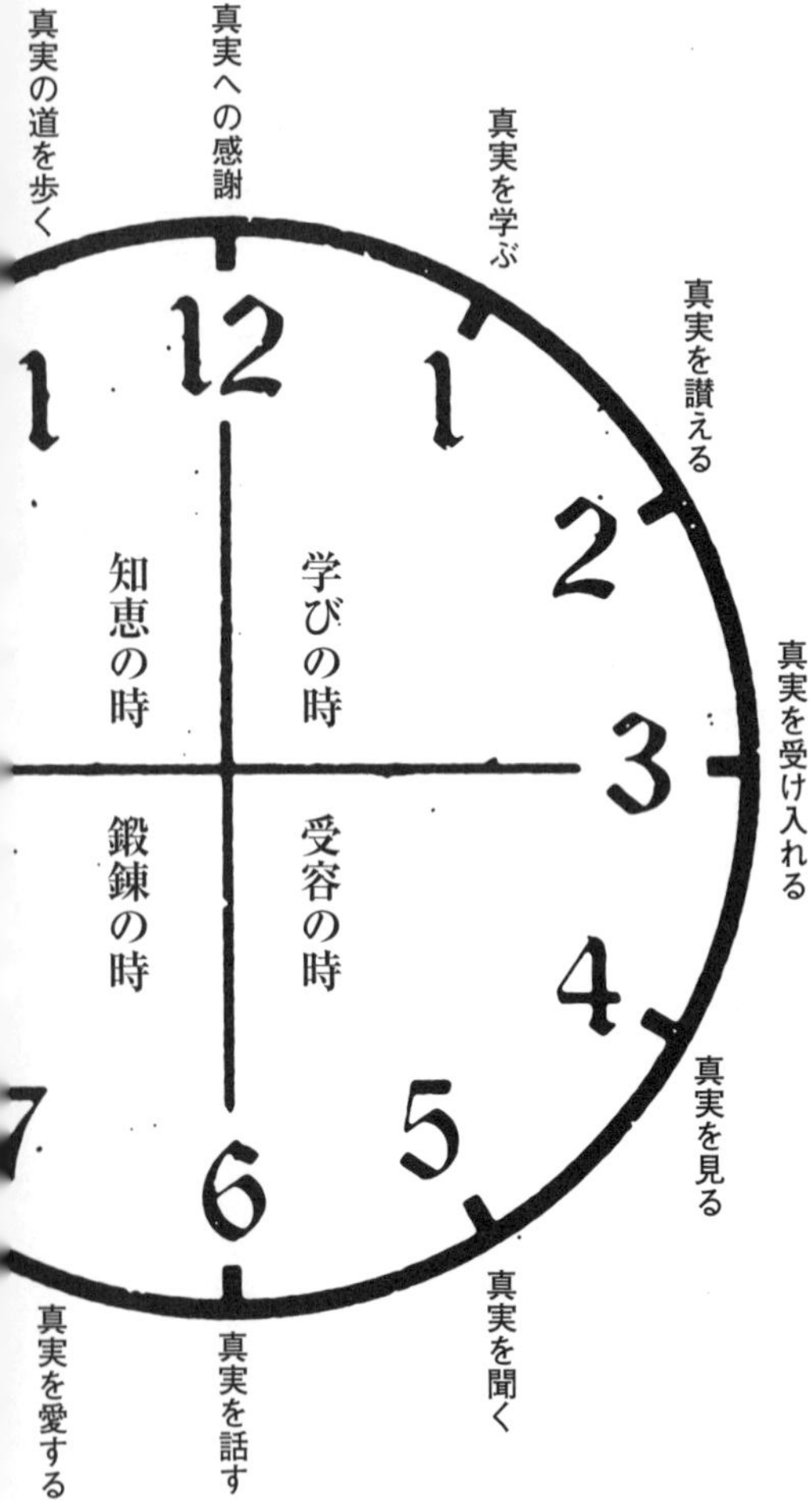
真実への感謝
真実を学ぶ
真実を讃える
真実を受け入れる
真実を見る
真実を聞く
真実を話す
真実を愛する
真実の道を歩く
学びの時
受容の時
知恵の時
鍛錬の時
12
1
2
3
4
5
6
7
1

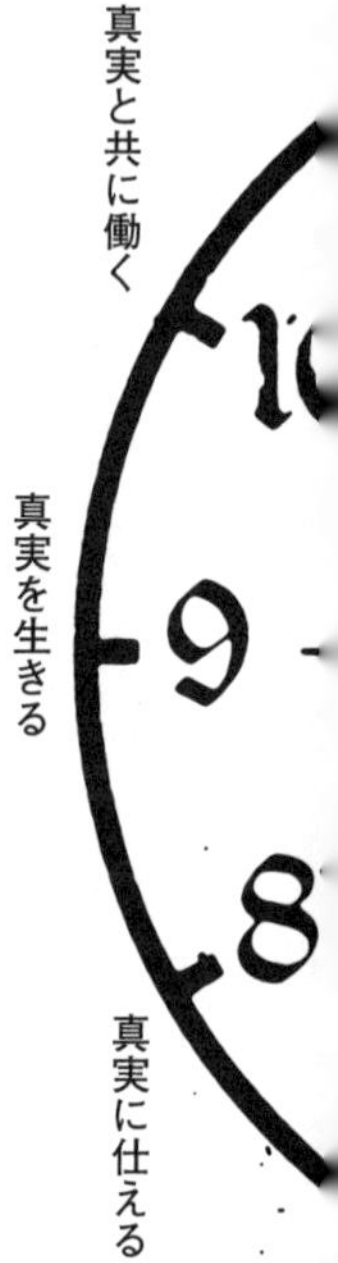

ネイティブ・アメリカンのイロコイ六ヵ国連合のなかで最も西に位置する国がセネカの国である。セネカの人たちは「石の人」と自らのことを名乗ってきた。この石の一族の人たちには独自のライフ・サイクルがある。彼らの人生観によれば、人の一生は四つの部分に分かれる。

誕生してから十二歳まで
十二歳から二十四歳まで
二十四歳から三十六歳まで
三十六歳以上、死ぬまで

アナログの時計を考えてみるとわかりやすい。十二時が頂点にあり、一時、二時、三時までが「〇歳から十二歳まで」にあたる。この年代は「学びの時」と認識され「自らの人生を発見するころ」と規定され、そのなかは「真実への感謝（十二時）」「真実を学ぶ（一時）」「真実を讃える（二時）」「真実を受け入れる（三時）」にわけられている。これが誕生してから十二歳までに人がおこなうことである。

三時、四時、五時、六時までは「受容の時」と認識され「自らの考えを受け入れるころ」と規定され、それぞれ「真実を受け入れる（三時）」「真実を見る（四時）」「真実を聞く（五時）」「真実を話す（六時）」にわけられている。これが十二歳から二十四歳までに人がおこなうことである。

六時、七時、八時、九時までは「鍛錬の時」と認識され「才能や考え方を磨くころ」と規定され、それぞれ「真実を話す（六時）」「真実を愛する（七時）」「真実に仕える（八時）」「真実を生きる（九時）」にわけられている。これが二十四歳から三十六歳までに人がおこなうことである。

九時、十時、十一時、そして一周する十二時までは「知恵の時」と認識され「自らの経験や知識を用いて知恵を獲得するころ」と規定され、それぞれ「真実を生きる（九時）」「真実と共に働く（十時）」「真実の道を歩く（十一時）」「真実への感謝（十二時）」にわけられている。これが三十六歳から命が尽きるまでに人がおこなうことである。

それぞれの段階でおのおのがなすべきことをまとめたのが冒頭の表である。

地球で生きていくための十の戒め

一、大地はわれわれの母親。母親をいたわれ。

二、おのれにつながるすべてのものを尊べ。

三、心と魂を偉大なる精霊に開け。

四、命はすべて聖なるもの。
命あるものはすべて敬って扱え。

五、大地から収穫するときは

必要なものを必要なだけ。

六、なにかをするのなら
すべてのもののためになることを。

七、日々、絶えざる感謝を偉大なる精霊に捧げよ。

八、真実を口にせよ。
ただし、他のものにとって良きことのみを語れ。

九、自然のリズムに従え。
太陽と共に起き、太陽と共に寝につけ。

十、人生という旅を楽しめ。
だがなにひとつ跡は残すな。

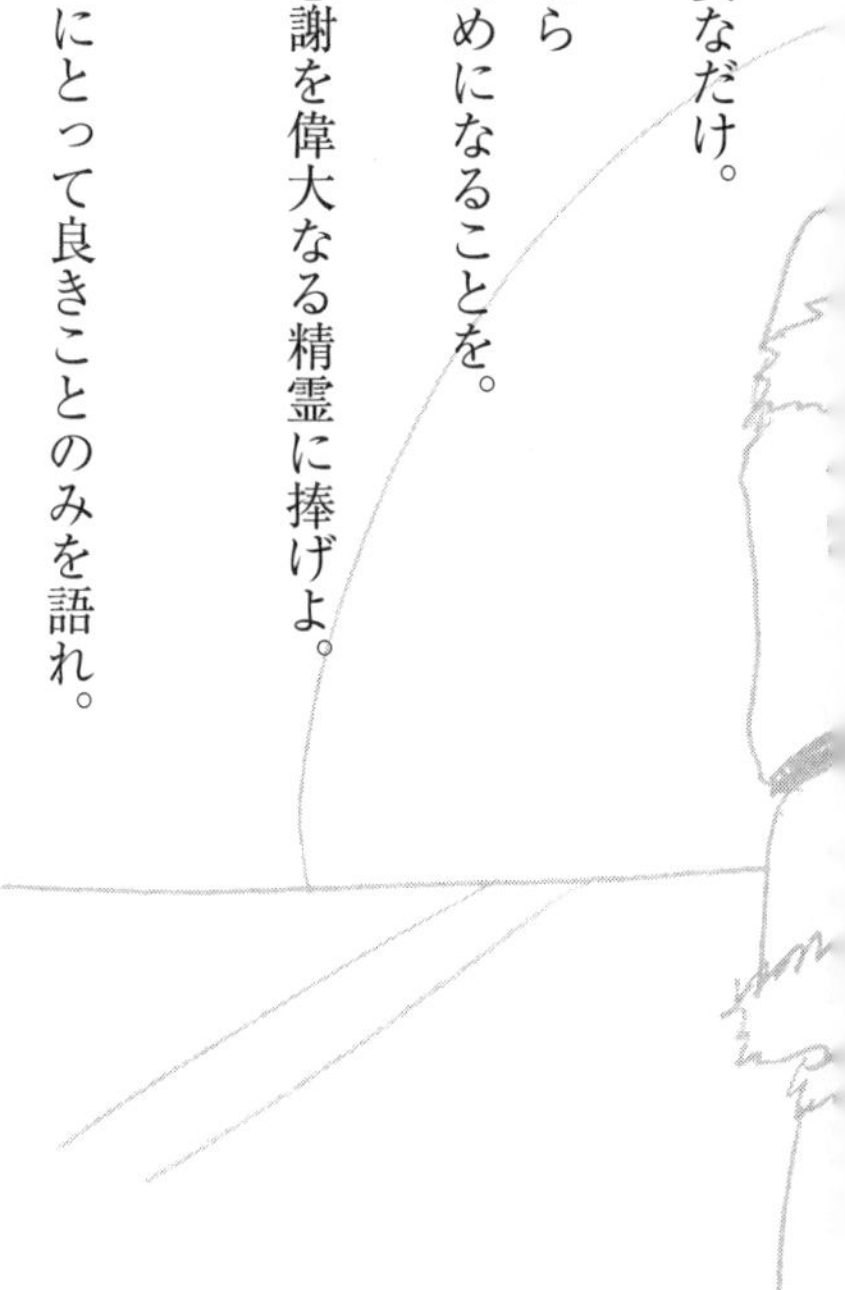

幸福でいることが
一番良いというホピの教え

いつだって幸福でいること
とかく心配事は病気の種

怒ることは悪い癖
罪を犯さず怒りをためなければ

人間はそれなりに長生き
罪を犯せばその悪い考えが病を引き起こす
幸福であることはただ良いだけでなく
とても健康的でもある

戦士のごとく

立つときは　馬のごとく
座すときは　バッファローのごとく
歩くときは　大鹿のごとく
食べるときは　熊のごとく
歌うときは　大烏《オオガラス》のごとく
太鼓を叩くときは　キツツキかビーバーのごとく

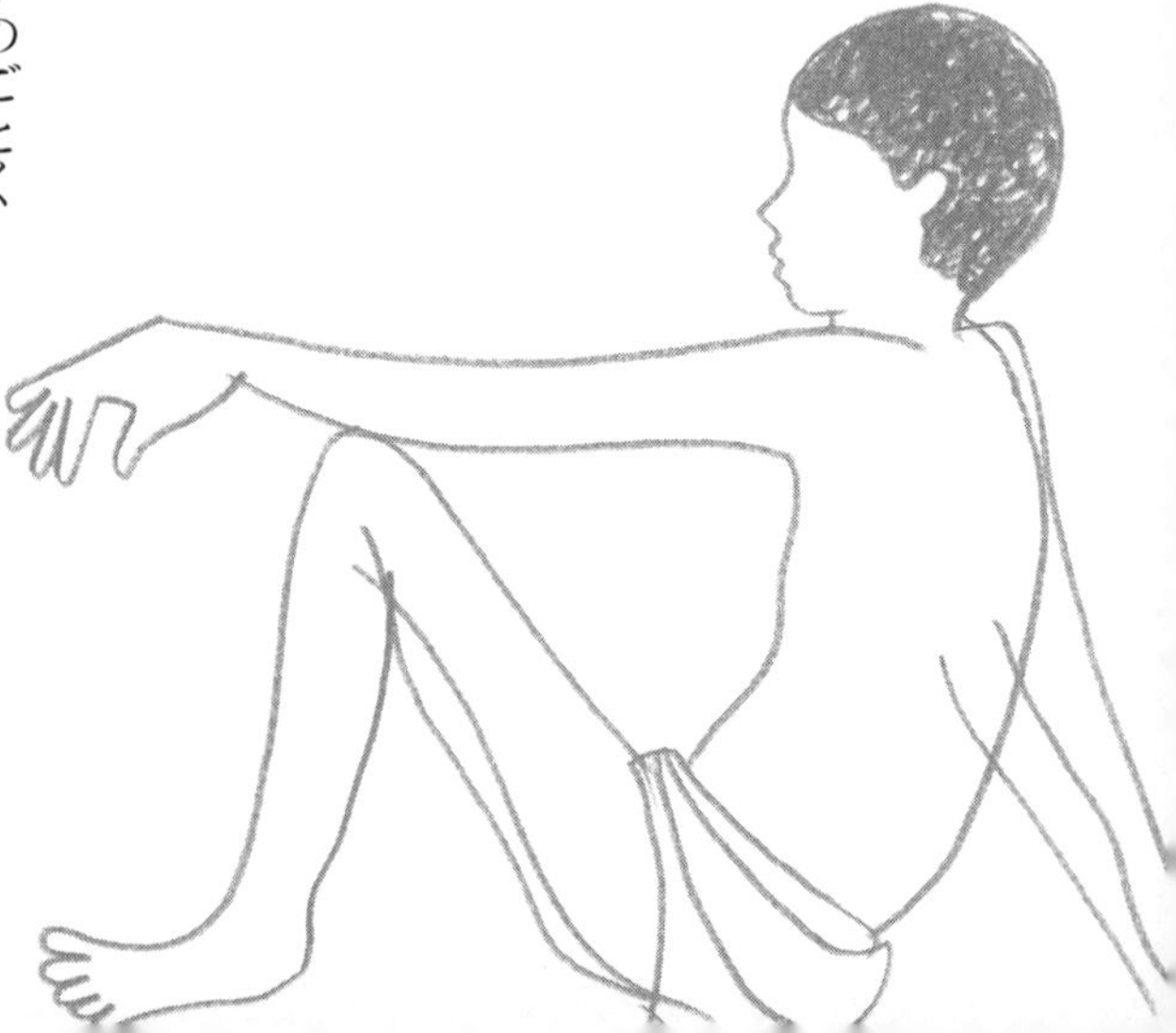

野でなにかを集めるときは　リスのごとく
道で人とあうときには　大きな猫のごとく
友と挨拶をするときには　時を得た鷲のごとく
敵と相対するときには　雄牛のごとく
年長者につかまったときには　野営地の犬のごとく

われわれの内側にはいくつか「元型」とされる個性が息づいていると、心理学者は言う。それはたとえば、インナー・チャイルド、内なる母親、内なる父親などである。こうした元型のなかで、人によって強く顕現したり弱く出たり、ほとんどどこかに隠れてしまっていたりするものが「内なる戦士」とされるもので、この元型としての戦士は、確かにわれわれすべてのなかに存在しているのだが、その部分が未開発のままの人たちも多い。

原因はいくつも考えられる。戦士の面が強くおもてに出すぎた親の元で成長したために、あえてその面を押し殺しているとか。また戦士の部分が完全に眠りこけたままの両親の元に育ったために、自らその戦士の部分の目を覚まさせるきっかけを見つけることもできないまま今日に至っているとか。

戦士というのは「兵隊」とは一八〇度異なる。兵隊は上官に命令されるまま動く(命令がなければ動けない)が、戦士は男であれ女であれ、自らの意志で、自らの信ずるもののために自発的に行動する。彼あるいは彼女は、どのような挑戦も障害も乗り越えて目的を貫く。

戦士は彼もしくは彼女が信じていることのために耐える強さをもつ。信じるものを守るために正直に話し行動する。あまりにも弱くて自分では戦えないものを守るために立ちあがる。内なる戦士がまだじゅうぶん開発されていないときから、たとえなにかを守らなければという熱い思いはいまだ感じられなくても、自分のなかのその部分にうすうす気がつきはじめ、戦士の自分を呼び覚ましたいと思いはじめる人もいる。

ある特定の関係のなかで、または特別な状況下において、自分のなにかを守るために立ちあがらなくてはならないときがくるかもしれない。あるいは、夢を実現させようと思いたつとか。それを形あるものにするためには、勇気とか、それを成し遂げるためのエネルギーといった戦士の持つ力が必要になるときがくるだろう。あるいは自分のなかに巣食っている恐れだとか不安だとか無力感に気がついて、内側で眠りこけている盟友としての戦士を奮い立たせることは、あなたが人生を変えるために必要としていたものである可能性もある。

すでにうすうす気がつかれているかもしれないが、「内側で眠りこけている盟友としての戦士」とは、心理学的な用語などではなく、われわれが日本人化していく過程のなかで眠り込ませざるをえなかった内なる「ネイティブ・ジャパニーズ」の部分でもあると、ぼくは信じる。個人的にはどうあれ、日本人論的に言うならば、われわれは便利なものの世界に屈服して弥生的な生き方を受け入れた（国家の奴隷となった）ときから、地球に生きる人としての「戦士」である部分を封印し、深いまどろみのなか、それを奮い立たせることなく数千年が過ぎようとしているのではないか。

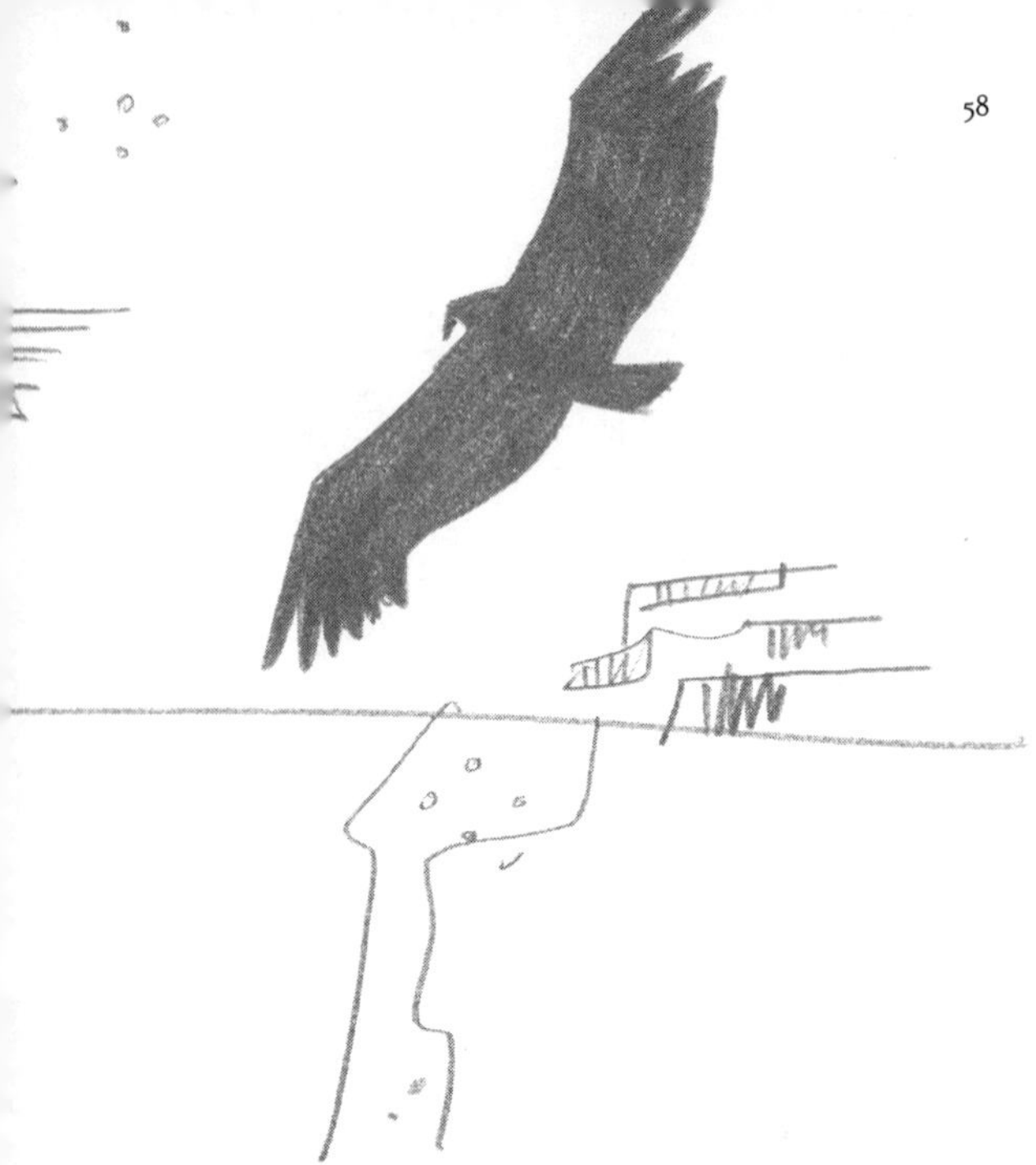

内なる戦士、「インナー・ウォリアー」と心理学者が名づけたものを、より大きく育てる最も優れた方法はなんだろうか？　それはおそらく自分が望むような勇敢さ、強さ、生き方（死に方）を体現している「役割モデル」を選ぶことである。戦士的な生き方があたりまえだったネイティブの伝統文化を守る共同体においては、そうしたモデルとなる人はそれこそいくらでもいた。そういう人たちがどのような存在だったのかは、その名前と共に長く語り継

がれてきた。名前を聞けばその人がどういう戦士だったのか即座に理解できる偉大な戦士が、夜空の星のごとくきらめいていた。国家の奴隷となってしまって長い年月を経た国においては、戦士として名を残している人は限られてしまう。今を生きるぼくたちが内なる戦士を育てるためには、どうすればよいのだろうか？

まずは自分からそのモデルとなる人間を見つけなくてはならない。あなたが称賛する生き方をしている神話や伝説の登場人物、映画や本に描かれたキャラクター、自分がそういう生き方をしたいと願うような特定の「戦士」を選び出すこと。その人と直接会えるのなら会いに行くか、会えない過去の人の場合は、その人に関するありとあらゆる情報、伝記を読み、言い伝えを調べ、その人に直接出会ったことのある人の話を聞きに出かけたりして、とにかくさまざまなあなたにとって価値ある情報を丁寧に集め、そのなかに浸ること。

そのうえで毎日のように黙想してそのなかでその人物と出会い、自分がなぜその人に惹きつけられるのか、そのエネルギーの質を検証する。そのようにして自分の内側にそれと同じ可能性が息づいていることを確認していく。自分がそうしたエネルギーを扱えるだけの器であるかどうかを確かめつつ、自らの内側でくすぶっている勇気の炎をより大きく燃やし続けるようにしていく。これは、もちろんそう簡単なことではない。役割モデルとなる人物のすぐそばにいて、その人の一挙手一投足を目を皿のようにして見ることができれば、事情はだいぶ違うのだろうが。しかし、ぼくはそれでもこの方法は有効性を持っていると信じる。

英雄が故郷に帰るときのように

「死に対する恐怖を
けして自分の心に入らせないようにして
生きるべし。
それぞれの宗教のことで
誰とも問題を起こすべからず。
おのおのの人間のものの見方を敬い
相手にも自分のものの見方を敬うように求めよ。
生きることを愛し
おのれの人生を十全なものとなして

与えられるすべてを
ことごとく美しいものとなせ。
できうるかぎり長く生き
一族のために奉仕する道を探し求めよ。
偉大な分水嶺を越えてゆくその日のために
高貴なる死の歌を用意しておけ。
人けのないところで
誰かと出会ったり
すれ違うようなことがあれば
それが友だちであれ、また見ず知らずの他人であれ
常に一声かけるか、声を出さないまでも
仕草で相手に敬意をあらわすべし。
すべての人に敬意を態度で示せ。
だが誰に対しても卑屈な態度をとるべからず。
朝、目を覚まして起き上がったときには

食べるものと生きることの喜びに感謝を捧げよ。
もし感謝を捧げる理由が
おのれのなかに見つけられないときには
その誤ちは
ひたすらになんじがうちにあることをわきまえよ。
誰に対しても
なにに対しても
虐待をしたり、迷惑をかけたり
おぼれたり、価値を卑しめたりしてはならない。
そうした行為は
賢者を愚者にし
ヴィジョンからスピリットを奪いさる。
そしていざ、自分に死ぬときがきたら
死ぬことの恐怖に胸を詰まらせ
涙ながらにもう一度

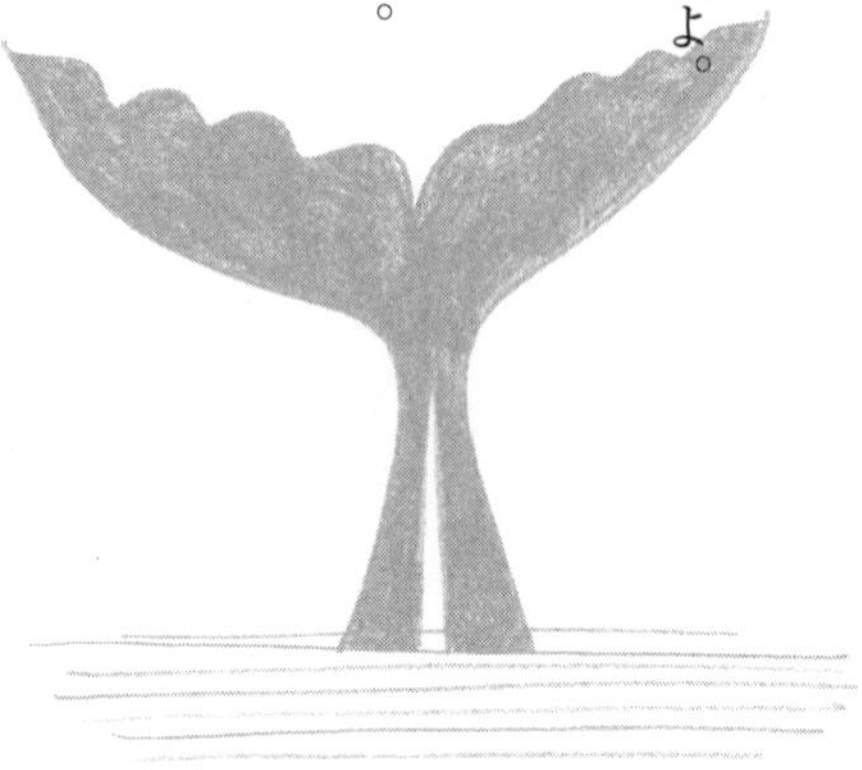

これまでとは違うようにあと少しだけ
生き長らえさせてくださいなどと
祈ったりするようであってはならない。
おまえは自らの死の歌をうたい
英雄が故郷に帰るがごとく
死地に赴け」

ネイティブ・アメリカンのショウニー国の偉大なチーフだったテクムシェの言葉。テクムシェは「天駆けるパンサー」という意味で、彼の父親も一族では名をはせた戦士だった。これは彼が一八一三年十月にアメリカ陸軍との戦闘で命を失う前年、甥のスペニカロウブに戦士としての心構えを伝えるために語った遺言である。テクムシェは、その後アメリカの副大統領となる軍人によって射殺されたと言われている。戦闘の終わったあと、彼の遺体は結局見つかることはなかった。

あなたは地球で、地球はあなた

「人は自らの肉体を
尊敬をもって扱わなくてはならない。
地球についても
同じことがいえるだろう。
あまりにも多くの人たちが
地球を痛めつけることが
自分を痛めつけることだということを知らなすぎるし
自分を傷つけることが

地球を傷つけることだとは自覚していない」

――ローリング・サンダー、チェロキー一族　メディスンマンの言葉

自然のなかに友だちをつくろう

自然のなかには
見えない人が
たくさん隠れている

川の流れのなかにも
竜巻のなかにも
雷のなかにも
雲のなかにも
雨のなかにも

虹のなかにも
どこにでも人がいる

自然のなかにいる見えない人に
話しかけなさい

自然のなかにいる見えない人と
友だちになりなさい

そうすればその人たちが
あなたを守ってくれるだろう

リスペクトはバランスとハーモニーに至る道

英語を話すようになった時代のアメリカ・インディアンの人たちの祈りは、多くの場合「All My Relations」という三つの英単語で終わる。「オール・マイ・リレーションズ」とは、ほんらいはラコタ（スー）の人たちの言葉「ミタクエ・オヤシン」の英語への翻訳で、日本語にすると「わたしにつながるすべてのものたちよ」という呼びかけであるが、今ではラコタの人たちのみならず、実にたくさんの部族の人たちがこの言葉を用いる。それは、すべてのいのちあるものがひとつの大きな輪をえがいてつながっていると見るネイティブ・ピープルの世界観の提示であるのみならず、そのことをことのほか大事に思う気持ちのあらわれ以外のなにものでもない。地球に生きる自然な人たちにとっては、そのいのちの輪こそが、かけがえのないほどに大切なものなのである。

重要なのは、そうしたなにかを大事なものと思い、いとおしいものと感じる気持ち、大切ななにか、あるいは大切な存在を、心から敬い、そのようなものとして接し扱うこと、敬意を払うこと、よく英語で言われるところの「リスペクト」ということだ。

なにかを大事だと感じたり大切だと思ったりすることが、悪いことではないとわかっている人はかなりの数にのぼるのだろうが、実際に「敬意を払う」「尊敬する」「リスペクトする」ということが意味しているもの、あるいはそれがどのようなものなのかについて、明確にイメージできる人は数えるほどしかいない。

リスペクト、それはお金で買えるようなものではない。リスペクトというのは、存在の仕方であり、それはこの世界に存在することごとくすべての種のためのものであり、赤い人、黒い人、白い人、黄色い人の世界の四つの肌の色の人たちのためのものであり、そしてその対象は人間のみにとどまることなく、わたしたちにつながるありとあらゆるすべてのいのちのためのものである。リスペクトを示すことを、ネイティブ・ピープルは「生きていくための基本」と考えている。

リスペクト、それは妨害をしないこと。
リスペクト、それは対立をしないこと。
リスペクト、それは非難をしないこと。

リスペクト、それはあざけらないこと。
とくに年寄りをからかわないこと。

リスペクト、
それはわれわれのあいだに嘘のないこと。
リスペクト、それは信頼を裏切らないこと。
リスペクト、それは「ぶったくり」のないこと。
リスペクト、それは「ひとりじめ」のないこと。

リスペクト、
それは「誰かを支配しようとしない」こと。
リスペクト、それは命令をしないこと。
リスペクト、それは怒りにまかせて叫んだりしないこと。
リスペクト、それは悪い言葉づかいをしないこと。

リスペクト、それは誰かの悪口を言わないこと。
リスペクト、それは自分をコントロールしておくこと。

リスペクト、
それは「人格に」ではなく、
「問題点に」焦点をあてて事の解決をはかること。

リスペクト、
それは「誰が正しいか」よりも「なにが正しいか」に焦点をあてること。

リスペクト、
それは自らの否定的な面を自覚し、他人に責任を転嫁しないこと。
他人に責任を転嫁する人間は、自らの否定的な面を他の人間に投影しているにすぎないのだから。それはやがて、偏狭な考え、それに基づいた争い、そして皆殺しへと移行していく。

リスペクト、
それは異なる意見を持っている人たちとのあいだに意思疎通のための回線を持ちつづけ、誠実に相手に語りかけて理解してもらおうと努力すること。
リスペクト、
それはみんなの声が聞こえてそれぞれがなにを言っているかを理解するまで、じっくりと耳を傾けること。そうしたときにのみ、ネイティブ・ピープルの霊性の到達地点である「均衡《バランス》と調和《ハーモニー》」がもたらされる。

祖先からの呼び声

われわれの存在のなかにある
美と力を信ぜよ
真実と正直の道を生きよ
年齢や立場のいかんを問わず
他を讃え
そして敬え
地球とそこに存在するものすべてを讃えよ
臆病ではないものの、つねに謙虚であれ
人生が夢であること

美しい夢であることを
気づかせるのに
自分以外のものに手をさしのべよ
ユーモアを忘れず
自分以外のものを楽しませるのに力を貸せ
あなたを受け入れないものたち
もしくはあなたの愛するものたちと
話しあうことをおそれるな

最大の敵と闘おう（あるいはしっかりと覚えて自分の子どもたちに語り継ぐべき平和な世界実現のための呪文）

一、原子力はクリーンエネルギーじゃない。

一、原子力は安いエネルギーじゃない。

一、原子力は地球温暖化への解答じゃない。

一、原子力は安全なものじゃない。

一、ウラニウム採掘には危険がいっぱい。

一、核兵器の投げかけた脅威は終わっていない。
一、核廃棄物の問題はずっと未解決のまま。
一、核関連施設の誘致はその土地を豊かにしない。
一、ウラニウムは掘り出さないのがなにより。

第二部

魂へのレッスン

お金では買えない世界の存在

人間の歴史を通観しても、物質的なもの、ことさらにお金で買えるもののことだけが人びとの口の端に上る時代は珍しいのではないかと思う。ぼくたちはお金がパワーであると信じている。役人や政治家といわれる人にはその傾向が顕著である。お金をいっぱい持つと、人びとに尊敬され、お金をいっぱい持つと、人びとにうらやましがられる。今時の子どもたちはまず例外なくそう考えている。

「お金の全くない世界」の片鱗を垣間見、「正しいことをやっていれば必要なだけのお金は必ずやってくる」という宇宙の法則を信じて以来、ぼくは必要以外

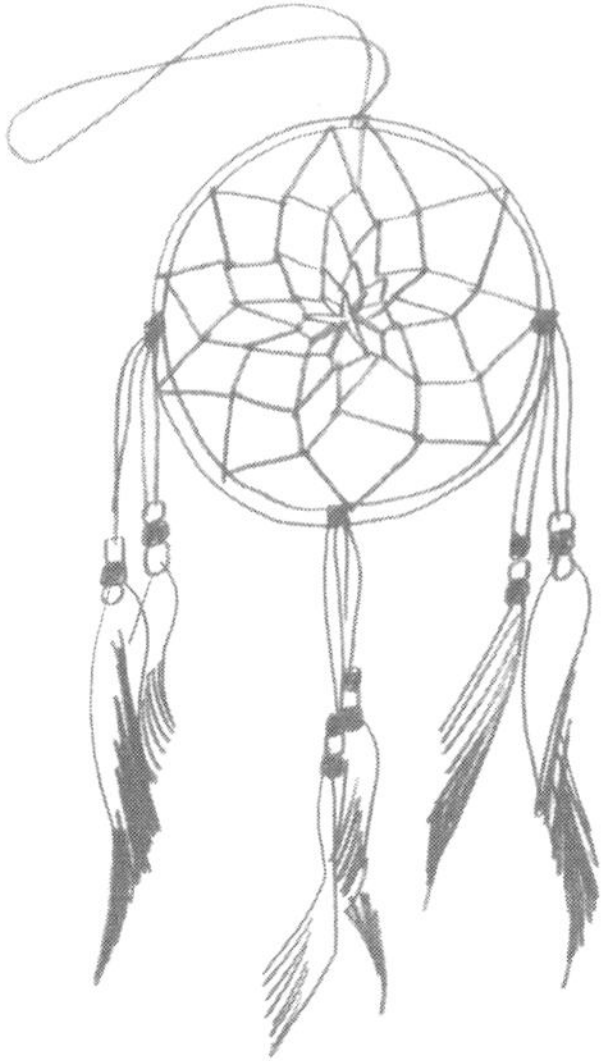

のお金をほしがることは避けるようにしてきたのだが、そうしたコズミック・プロフィット（宇宙からもたらされる利益）を頼りに生きることはこれで案外むずかしくて、絶対に必要以上にはきてくれないから困りものである。そして入ってきたお金はすべて足早に出て行く。お金とは不思議なもので、持っているとなんでもほしいものが買えるような気にさせられてしまう。

実際、物質によって支配されている世界では、お金があれば際限なくほしいものが買えてしまうだろう。ところが目に見えないものの世界においては、事情は異なる。そこではほしいものがなにひとつ買えるわけではない。お金がまるっきり役に立たなくなる。

目に見えない世界においては、なにひとつ値札のついているものが存在しないのだ。その世界のなかにあるものは、どれも与えられてはじめて自分のものにできるものばかりである。愛情にしろ、思いやりにしろ、尊敬にしろ、崇敬にしろ、信頼にしろ、献身にしろ、こうしたものは「与えられる」か、あるいは「無条件に差し出す」かの、いずれかしかやりとりができない。他の道はそこにはない。目に見えない世界からやって来るそうしたものを使うとき、ぼくたちはほんもののパワーを使っている。

三世代家族がうまくいく理由
——マーガレット・ミード*による家族の真実

子どもたちとその祖父母たちが仲良くやれるのは
その両者に共通の敵がいるから。

＊二十世紀を代表するアメリカの文化人類学者のひとり

ムーンタイム

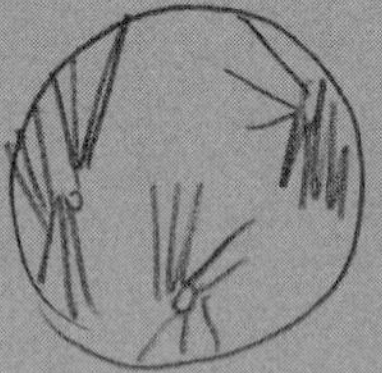

「すべての女性にとって、ムーンタイムは健康の基盤となるものであり、そうやって得た健康を維持するための自然のサイクルでもある。女性は生理になると自然によって清められつづける。それは特別な時間であり、その間彼女は、母なる地球のサイクルと宇宙に遍在するコズミックな力との調和をとるように心がけるべし。

彼女たちはそのためにも、あたまとこころとからだを、ひとりになるところに置いておかなくてはならない」

「それは女性にとって聖なる時。だから自分の全体性を再生産するために、自分自身をかき消す。沈思黙考と瞑想と祈りと個人的な償いだけに費やして過ごすこと。女性はムーンタイムをスピリチュアルなものととらえて、月への祈りと共に、うやうやしくそのときを迎えなくてはならない」

——テラ・スターホーク、ユロク一族
メディスンウーマンの言葉

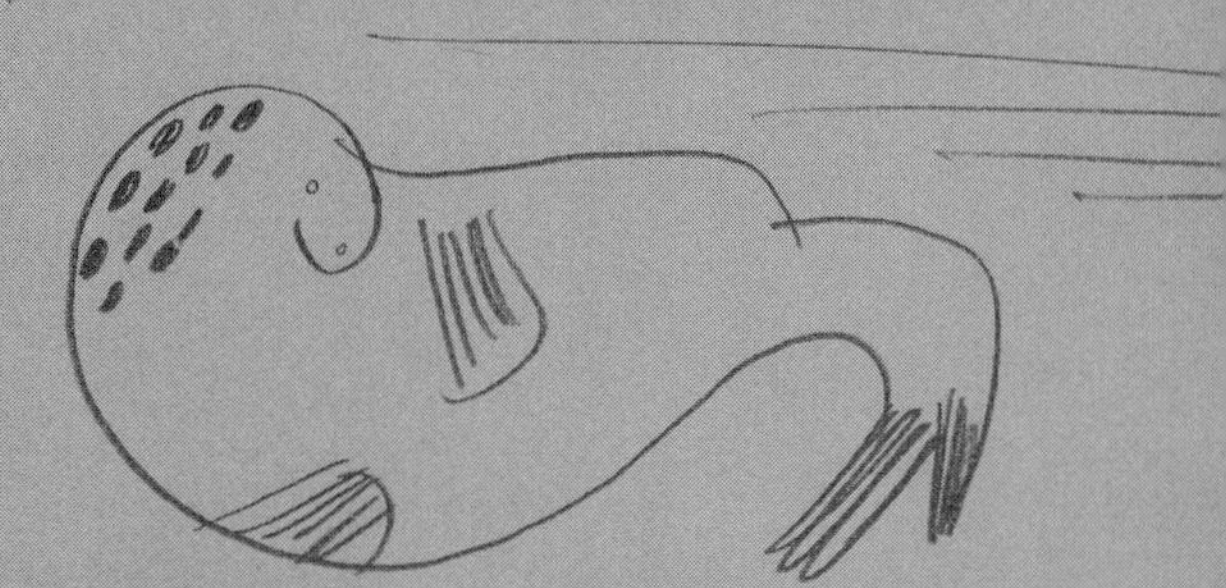

ヨーコ・オノが教えてくれた健康で幸福になって若返る笑い方

第一段階　口で笑う

第二段階　眼と口で笑う

第三段階　心臓と肺と眼と口で笑う

第四段階　*太陽神経叢《たいようしんけいそう》と心臓と肺と眼と口で笑う

第五段階　胃袋と太陽神経叢と心臓と肺と眼と口で笑う
第六段階　両膝と胃袋と太陽神経叢と心臓と肺と眼と口で笑う

ヨーコ・オノのウェブサイトより

そのようにして眼と口と体全体で笑うこと
そうやって笑えば心から気持ちよくなるし
健康にもなって若返り、生きていくことが楽しくなる。

＊みぞおちのこと

ハグしよう

「人は正気を保つために
一日に三回のハグがどうしても必要だ」

——メキシコ先住民のヒーラーの言葉

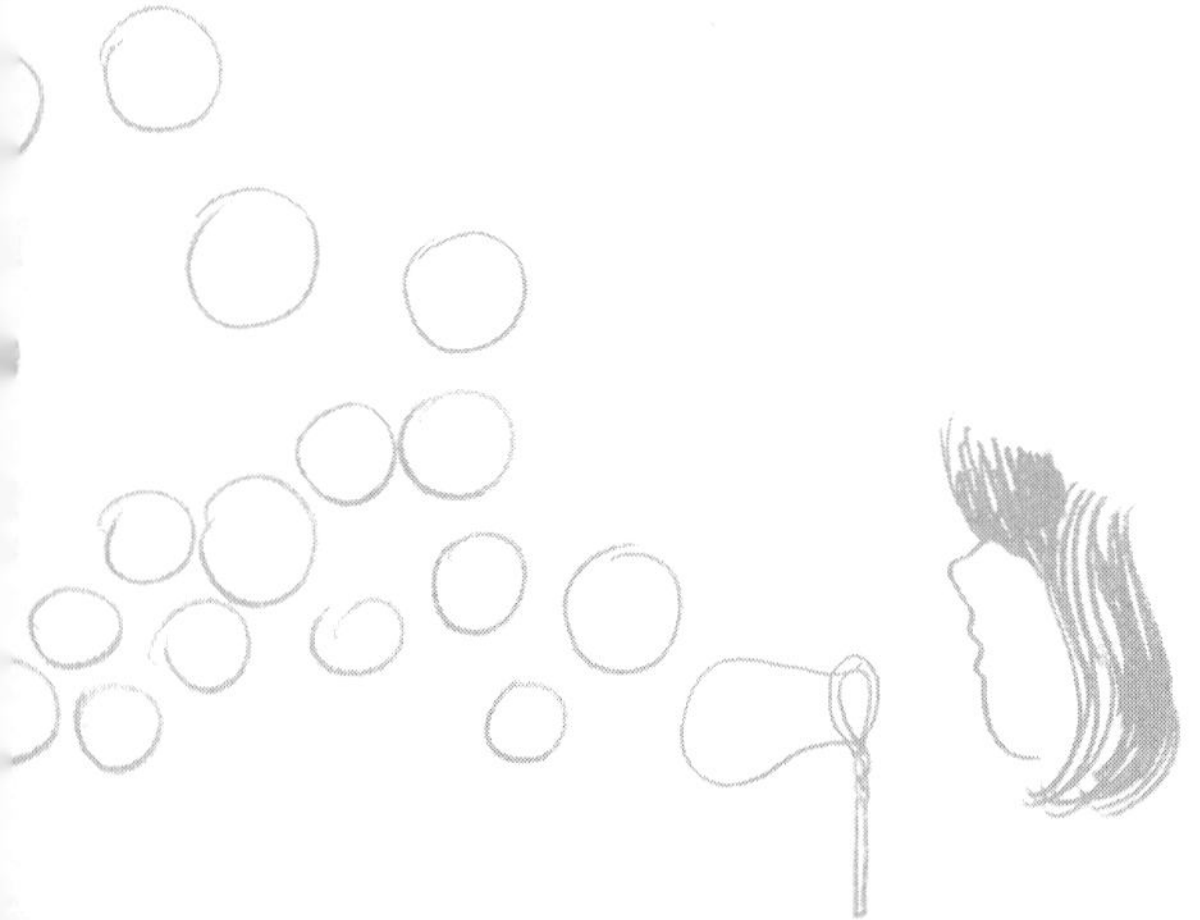

知識と知恵

「話すことを止め、考えることを止めれば
あなたに理解できないものはなにもない」
と言われたことがある。
人の言葉を聞いてそれを受け入れただけでは
ほんとうに知ったことにはならない。
それはあなたがその人の言葉を受け入れたか、　同意したことを意味する。
同意によってもたらされるものを
「知識」という。
個人的な経験の結果理解することが
「知恵」の基本となる。

正しい心の使い方

一、物事をすべて前向きに考える。

二、感謝の心を忘れない。

三、愚痴をこぼさない。

笑うことを学べ

生きているのなら、笑うことを学べ。
人生を上向きにしたいなら、笑うことを学べ。
健全な生活のためにも、笑うことを学べ。
いかなるときにあっても
われわれは笑うことができる。

目に見えるものはすべて

すべて目に見えるものは
目に見えない世界に根を生やしている。
姿形は移りゆくけれど
本質はそのまま残る。
息をのむ風景もやがては消えゆき
美しき世界もいずれは色あせる。

だからそれで意気消沈してはならない。
それらのよってきたる源は永遠であり
それは成長し
枝を伸ばし
新たないのちと、新たな喜びとを、産みつづける。
涙でほおを濡らす理由などどこにもない。
他ならぬ源はあなたのなかにあり
世界はことごとくそこより生ずる。

生きるとは

学ぶことがなければ、
生きていることにもならない。

ぼくが二十年かけて
お金では買えないとわかったもの

人生の意味
世間体《せけんてい》
健康
長寿
自己実現

創造性
友だち（ほんとうの）
家族（愛のある）
他人からの尊敬
スピリチュアルな満足
心の平安
寛容さ
ユーモアの感覚
忍耐力
安定した感情

同情

時間

知恵

お金の法則

お金のない人は貧しいかもしれないが
お金しかない人よりは貧しくはない。
豊かさとは
どれだけのお金を望んでそれを得たかではなくて
今持っているものだけで
どれだけハッピーでいられるかということ。

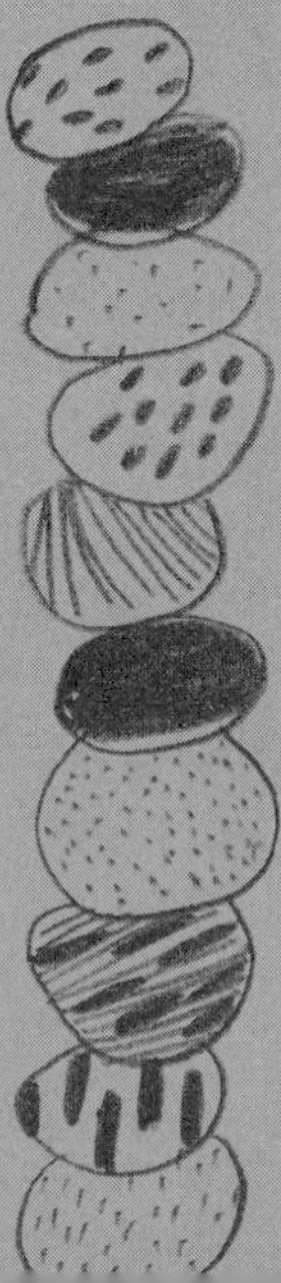

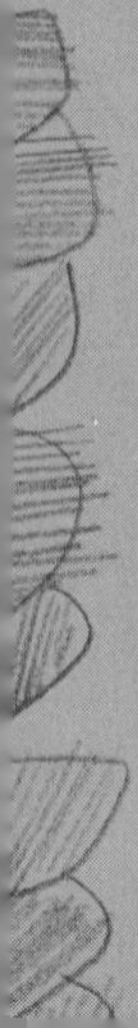

けっきょくのところお金は食べられない。
お金の存在しない世界もある。
正しいことをやっていればお金は必ずやってくる。
お金の価値は創造的でスピリチュアルな使い方にあり
それでどれだけたくさんのものを買えるかではない。

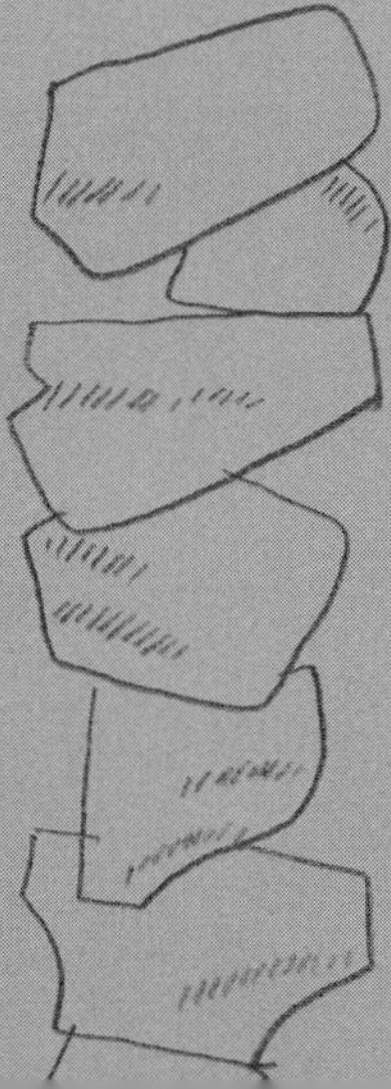

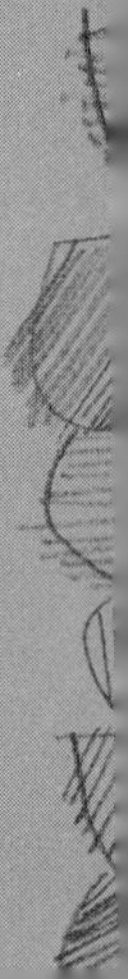

ティーチ・ザ・チルドレン

われわれは、自分が誰であるのかを
自分に向かって教育しなくてはならない。

自分が誰であり、なにものであるかを知ることによってのみ
われわれは自分たちの力の源に触れることができるのだから。
自分自身について知っていることが増えれば増えるほど

精神的な成長への道を選んでその道を進めば進むほど
自らの行いを浄化すればするほど
それだけわれわれは
子どもたちを教え導くことができるようにもなる。
子どもたちに教えようというのは、そういうことである。

生かされている

幸福はあなたを優しくし
困難はあなたを強くし
悲しみはあなたを人間らしくし
失敗はあなたを謙虚にし
成功はあなたを輝かせるが
それでもあなたは生きているのではなく
偉大なものによって
生かされているにすぎない。

人生という教え

そのインディアンのチーフには息子が四人いた。彼は息子たちに物事を簡単に判断しないことを学んでほしいと考えたすえ、四人の息子をひとりずつ、順番に、はるか遠方にある一本の梨の木のところまで出かけて、その樹の世話をしてくるように言いつけて送り出すことにした。

長男は冬に出かけた。次男は春に、三男は夏に、末の息子は秋に、それぞれ梨の木の世話に出かけた。

一年後、四人の息子が全員顔をそろえた。チーフは四人の息子になにを見てきたのかたずねた。長男は、梨の木は見るに堪えないほど醜かったとこたえた。苦しそうに折れ曲がりねじれていたと。次男はその答を否定した。梨の木の枝のあちこちに緑のつぼみがついていて、先が楽しみだったと。

三男はその見解にも異を唱えた。木の枝にはたくさんの花が咲いていて、甘い香りが漂い、たいそう美しく見えた。あれほど優美なものを自分はこれまでに見たことがなかったと。

末の息子は兄たちの意見のいずれをも否定した。梨の木には実がたわわになり、たくさんの実の重さで枝が垂れ下がっていた。実のひとつひとつが次の世代を約束しており、達成感に満ちあふれていたと。

それぞれの話を聞いたあとでチーフが口を開いた。兄弟四人がそれぞれに見てきたもの、そのひとつひとつはなるほど間違っていない。だが、お前たちが見てきたのは、梨の木の一生におけるただひとつの季節の姿にすぎない。

チーフは言葉を続けた。相手が一本の梨の木であれ、またひとりの人間であれ、ひとつの季節の姿を見ただけでそのすべてを判断してはならない。相手がなにものであるか、その生涯にもたらされる喜びや満足や愛といった肝心なものは、季節がことごとく巡った後になるまでは推し量ることもできないのだ。

冬だけの姿を見てあきらめてしまえば、春の希望も、夏の美しさも、秋の実りも、ことごとくすべてを逃してしまうことになる。

地球が教えてくれること

地球が教えてくれる沈黙　草原の草が今も新しき光と共にあるがごとく
地球が教えてくれる苦痛　古き石たちが記憶せしものに苦しむがごとく
地球が教えてくれる慎ましさ　野の花がはじまりから慎ましく咲くごとく
地球が教えてくれる思いやり　母が自分の子どもを養い育むごとく
地球が教えてくれる勇気　他と離れて独り立つ一本の樹のごとく
地球が教えてくれる限界　さながら地を這って進む蟻のごとく

地球が教えてくれる自由　さながら大空を舞う鷲のごとく
地球が教えてくれる受容　秋のたびに命を絶つ木々の葉のごとく
地球が教えてくれる再生　春になると芽を出す種子のごとく
地球が教えてくれる自分を忘れること　融けゆく雪がその命を忘れるがごとく
地球が教えてくれる優しさ　乾いた草原が降る雨に涙するがごとく

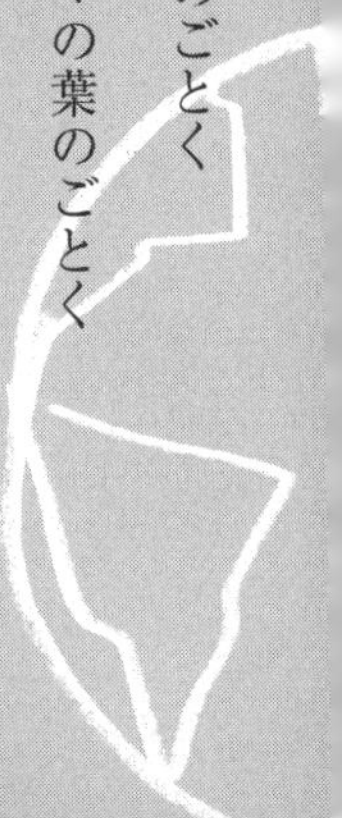

地球を癒すための祈り

おお　万物を創られし　お方よ
わたしは腰を低くして　御身の前に進み出て
この聖なるパイプを
捧げます
ふたつの眼にあふれる涙と
ハートからのいにしえの歌で
わたしは
祈ります

創造の源である　四つの力に
偉大なる曾祖父の　太陽に
偉大なる曾祖母の　月に
母なる地球に
そしてわが　祖先たちに

自然界において
われとつながるすべてのものたちのために
地を歩き　地を這い　空を飛び　水を泳ぐ
すべてのものたちのために
見えるものと　見えざりしもの
そのすべてのものたちのために
創造のあらゆる局面に立ちあらわれる
善良なスピリットたちのために
わたしは

祈ります

どうかわがエルダーたちを
子どもたちを　家族たちを　ともがらたちを
檻に閉じこめられている兄弟姉妹たちを
祝福してください
薬物やアルコールで
身体をこわしているものたちのために
家を失い　絶望の淵にあるものたちのために
わたしは
祈ります

さらにまた
人類の四つの種族のあいだに
平和がもたらされることを

わたしは
祈ります

この母なる地球に
癒しと　健康が
もたらされますように

頭の上に
美が　ありますように
足の下に
美が　ありますように
わが内に
美が　ありますように

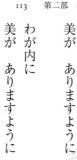

わが周囲に
美が　ありますように

どうかこの世界を
平和と　愛と　美で
満たしてください

——一九九〇年にワシントン州スポケーンでの地球を癒す儀式において、
カルク一族のヒーラーであるメディスン・グリズリー・ベアが唱えた祈り

ひとりぼっちであること
ひとりきりになること

すべての人は、その人生で、すすんでひとりになる期間を持つ必要があるというのが、地球に生きるネイティブ・ピープルの教えである。すすんでひとりになることでのみ、スピリットは育つものなのだ。

例をあげるなら、偉大な覚者といわれる人たちはみなそのための期間を持っている。ヨセフの息子であるジーザスも、モーゼも、シッダールタも、みなその人生においてひとりになる期間を過ごした。ネイティブ・アメリカンの世界では伝統的に、幼児期を過ぎたころからひとりになることでヴィジョンを見ることを教え込む。ひとりになることは、人生のバランスを回復させるメディスンなのである。

もし自分はひとりぼっちであると感じたら、そのひとりぼっち感の向かう先を、すすんでひとりになることにかえて、意識的にある時間をひとりきりで過ごしてみる。ひとりでいる時間を、自分の内側をのぞいてみたり外側を観察してみたりすることにあてることで、建設的に使うことができる。

複雑すぎる人生においては、精神的なバランスを回復させるために、われわれはあらゆるものとのつながりから自分を切り離す必要があるのだろう。ありとあらゆるもののつながりから自分を切り離してみると、自分の内奥の深いところで、自分はけしてひとりではないということがわかってくる。

なぜなら自分のなかの深いところに、自分を創られた存在が、どんなときにでも、おられることに気づかされるからだ。その自分を創られたものこそが、あらゆる知恵の源となるものであり、人間はひとりでいてもひとりぼっちではありえないということを教えてくれる。しかし、この知恵を見つけるためには、人は、ひとりきりになってみなくてはならない。

自由とは?

自由とは
急いでしなくてはならないことが
なにもないこと。

自分の子どもにも「ありがとう」を

子どもたちは実例から学ぶ。
日常の細々したことで、子どもに手伝ってもらったら
「ありがとう」を忘れずに言おう。
「ありがとう」を言うことで
「ありがとう」の気持ちを他人に向けることを
子どもたちは学ぶ。
そのうえ、その子が家族のかけがえのない一員であることも
伝えることができる。
だから
「ありがとう」を子どもたちに伝えよう。

妊娠期間中の娘たちに

常に心に良い考えを持ち
なにが起ころうと
身体の内側を喜びで満たしておくこと。

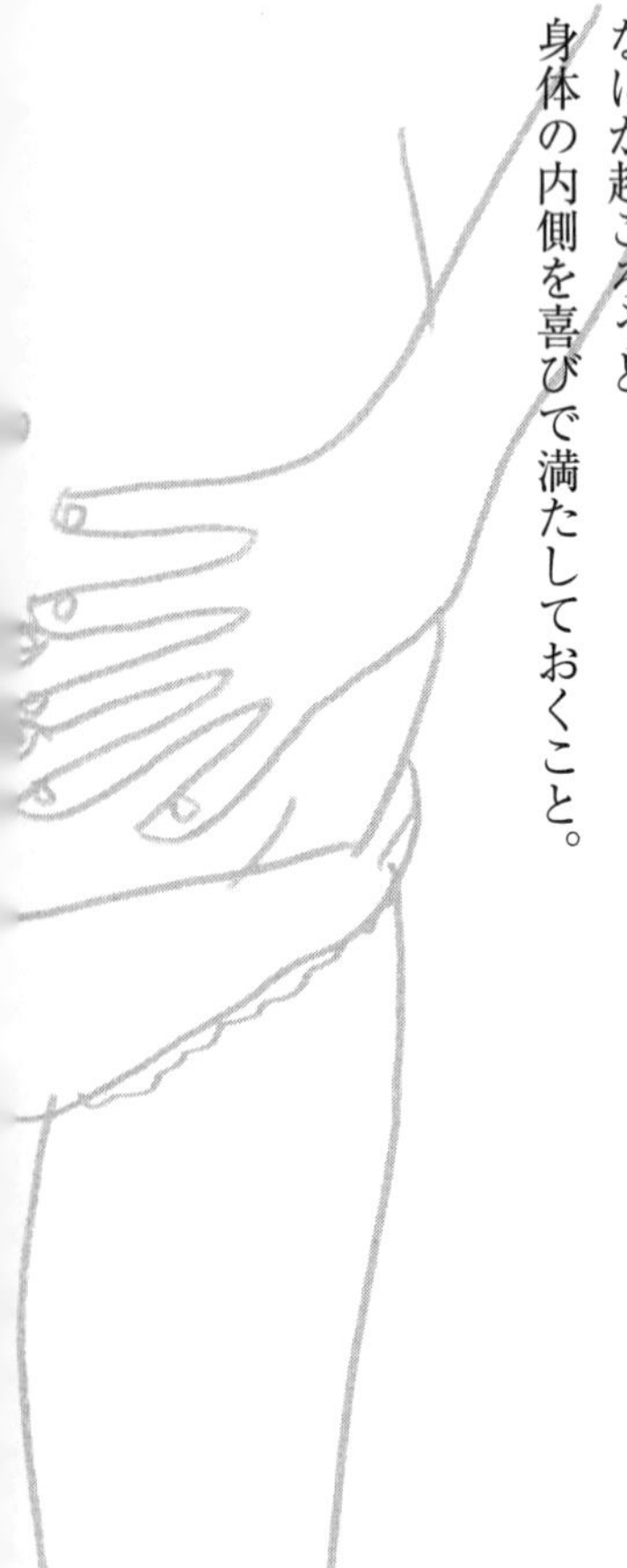

その間家族のなかに仮に死が訪れた場合でも
その死は死んでいった人間には
幸せに生きられるところへいくのだから
最も幸福な瞬間なのだと娘たちには教えなさい。

妊娠した娘の周りにいる人間たちは
常に娘を幸せな状態に置かなくてはならない。
共に食事をするときには
ただ良きことのみを話し
生まれてくる子供に喜びを与えなさい。

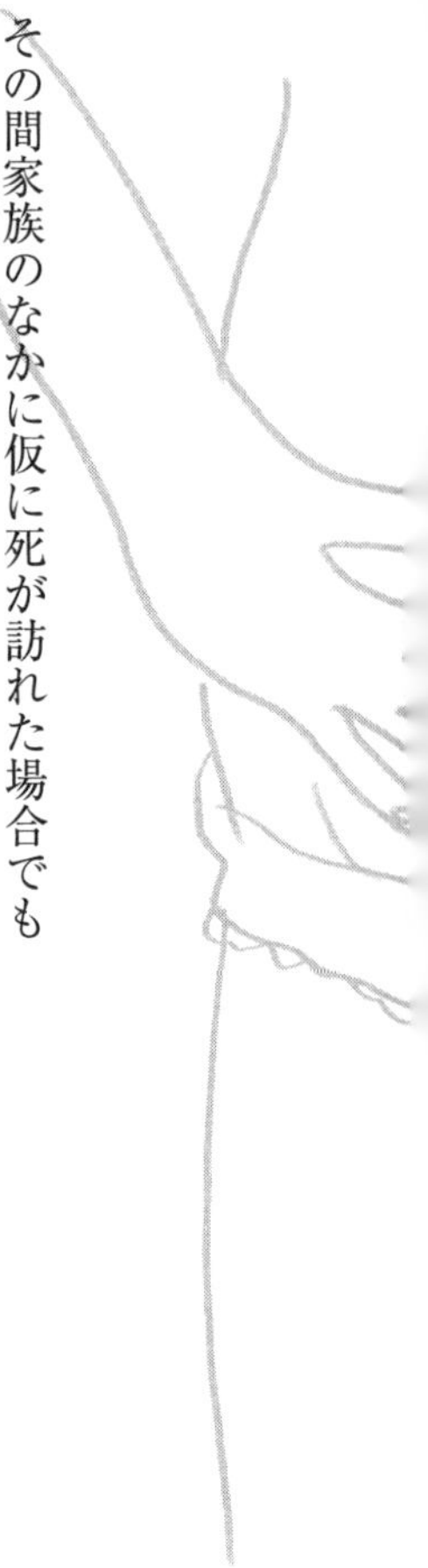

母が子に母乳を与える理由

生まれてきた赤ん坊に
最初の母乳を飲ませることで
妊娠期間中に彼女が学んだこと
彼女をとりまいていた良き考えのすべてが
赤ん坊の身体のなかに入りはじめる。

口をききはじめた子どもに
まず教えるべきこと

子どもが口をききはじめたら
言葉を大切にすることを教えなくてはならない。
言葉をどのように使うかだけでなく
言葉をどのように使ってはいけないかも教える。

言葉の持つ力はおそろしいまでに偉大であり
人間を育てることも破壊することもできる。
子どもには、やさしく、慎重に言葉を使うことを教え
攻撃したり傷つけたりする言葉の使い方は教えない。

子どもにとって

両親の心から出た言葉は栄養となり
両親の頭から出た言葉は重荷となる。

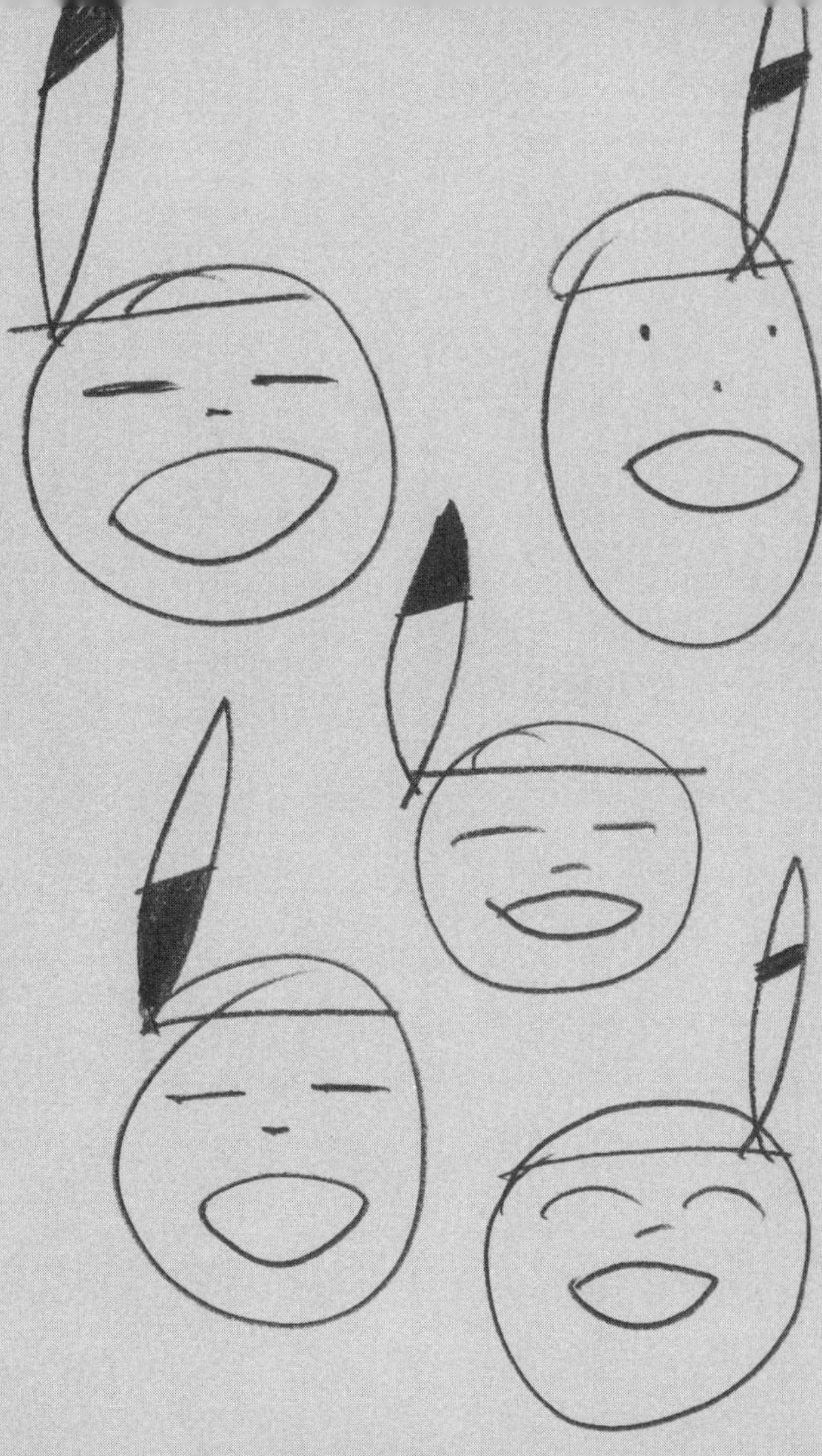

友

友人には三種類ある。

「薬のような友」「食べもののような友」「水のような友」の三種。

薬のような友は、目的があってやって来る。われわれの力になるという意思に導かれて訪れ、われわれのいのちを助け、癒し、仕事が終わればさらに旅を続けていく。

食べもののような友は、親友のこと。あなたは親友なしには生きていけない。

食べものは無数にあるけれど、友だちと同じで、ほんとうのお気に入りはわずか。最高の気分の時に口に入れたいもの、最低の気分の時になくてはならないもの。どんなことがあろうとも、いつもあなたと共にある友。

そして水のような友は、一種類しかない。それは魂の友。あなたの人生の流れをあなたと共にどこまでも旅する友。良いときも悪いときも、嬉しいときも悲しいときも、いつも水のごとくそこにいてくれる友。

いかに泣くかを学ぶ

「われわれはいかに泣くかを
学びなおさねばならない。
強い男は泣く。
ぐっと涙をこらえるなどというのは
弱い男のすることだ」

――アーチー・ファイアー・レイム・ディアーの言葉

涙にはふたつの種類がある。ひとつは「しょっぱい涙」で、もうひとつは「甘い涙」である。前者は物理的精神的な「痛み」からくる涙であり、後者は「喜び」からくる涙だ。この二種類の涙を同一視してはならない。強い人間というのは、男であれ女であれ、自分を知り、自分と自分を創られた偉大な存在とのつながりを確信しているものであるから、彼女、もしくは彼は、スピリチュアルな行為のひとつとして涙を流すことができる。人間の身体の仕組みからいうなら、それは泣くように設計されているものなのだ。人間の身体をデザインされた存在を讃え、その作品のひとつであるおのれの身体を讃えて、当初の意図どおりに肉体を使いこなすことは、われわれの義務のひとつである。

人として生きるために守るべき自然の法

伝統的なネイティブ・アメリカンの部族システムのなかには、キリスト教や神道や仏教のように、人びとを導くための文字で記された戒律は存在していないのですが、それでも彼らは自分たちの「法」「自然の法」「創造主の教え」に従って暮らしてきたことはまちがいありません。スピリチュアルな導きや一族のしきたりや道徳や倫理は、それぞれの部族に口伝された神話や伝説や物語（とくにトリックスターのお話）のなかにしまわれていたりします。

メディスンマンとしての人の道を全うしたローリング・サンダーがネバダの沙漠でまだ存命だった一九七〇年代から八〇年代にかけて、カリフォルニアの州北西部のネイティブのヒーラーたちと折々に寄り集まり、額をつきあわせて作成し活用していた(る)、彼らにとっての「スピリチュアルな法に背《そむ》く行為」のリストを紹介しておきます。これはローリング・サンダーの意見だけで作られたものではなく、北カリフォルニア随一の聖山であるシャスタ山周辺の、ユロク、カロクなどのネイティブの部族の人たちの共同体のヒーラーやメディスンマン、メディスンウーマンたちが合議のうえで考えて九項目に絞り込んだものです。こうしたスピリチュアルな教えの扱いには細心の注意とリスペクトが求められるのは当然であり、部分的な引用は、いらぬ誤解を招くおそれがあるため、固くおことわりします。

一、人間は、山の上とか、森のなか、沙漠のなか、牧場、海岸のすぐそば、渓流や湖や川のちかくなど、大自然のなかで性行為におよぶべきではない。

理由　そのような場所に住まわれるスピリットには良いものもいれば悪いものもいるから。スピリットたちは「人」の臭いや行為がその場所を汚染するのを好まない。

二、動物たちや、鳥たち、蛇たち、虫たち、木々、植物、魚たち、そしていうまでもなく人間たちに対する性的ないやがらせや、いのちを奪い取る行為、あるいはそれらを実験の対象とすることは、法に背いている。

理由　そこに存在するものは偉大なる造物主の財産である。そうしたものが地球に置かれたのには目的と役割があり、一個の種としての人類には、応分の理由も補償もなく、そうした造物主の財産にたいしていやがらせをしたり破壊したりするいかなる権利も権威もない。

三、生理期間中の女性が、自然のなかを散策したり、ハイキングをしたり、泳いだり、水浴びをしたりすること、さらにはその期間の女性が性行為をおこなうことは、造物主の法に背くことである。

理由　自然による女性の浄化は、感情的、肉体的、精神的におこなわれるもので、このことの当然の帰結として、さまざまな毒素や否定的なエネルギーが放出され、そばにいる他人を、そして自然を、汚染しかねない。しかしそのことはまた、女性はそれによって肯定的でスピリチュアルな力によって再度満たされるという証でもある。それゆえに生理になった女性は、自らひとりきりになれる場所へおもむき、自らを浄化し、宇宙の力と一体化して、活力の回復を図るべきであり、自分のなかの力を、社会的、肉体的、感情的、精神的に分散させるべきではない。

四、　人間が普通でない性行為におよぶことは造物主の法に背くことである。

理由　人はもともとは「魂」だけの存在だった。それがスピリットの世界を離れて動物のからだを乗っ取ったとき、性体験を目的として造物主の法を破ることになった。人は人らしくあるべきもので、精神的な純粋さに向かって魂を開発させることが求められる。したがって、動物のごとき性行為は不純なものと考えられ、人にとっては不自然なものである。この法を犯すことは、感情的、肉体的、精神的な病を引き起こしかねない。

五、殺人、性的暴行、拷問、あるいは自殺は、造物主の法に背くことである。

理由　人間は偉大なる造物主の財産であるがゆえに神聖である。一個の種としての人類には、偉大なる造物主の財産を不正に使用するいかなる権利も権威も与えられていない。

六、人間は、アルコールや性行為、さらには月経の影響下で、祈りの場や、神聖な祭式、儀式、もしくは癒しの場に加わることを想定されていない。

理由　精神的な力は純粋であるがゆえに、それを扱うにさいして敬意と清浄と明晰さを求められるから。

七、魔術、あるいは悪しき祈り、悪しき思考、悪しき願い、あるいは悪しき力を、他人に向けて用いるのは造物主の法に背くことである。

理由　偉大なる造物主が、人間もさまざまな力もふくむこの宇宙にある一切すべてのものを創られ、そして創られしものたちのなかに法と秩序をうちたてられた。世界の最初の法は、すべてのいのちあるものを敬えというものだった。そのなかには地球も、宇宙も、一個の種としての人間も、ふくまれていた。悪の力を用いることは、その尊敬の法に制限をくわえ、他人に危害を引き起こすことにほかならない。

八、人間はいついかなるときにも「清浄」をむねとすべし。狩りをするときも、魚をつかまえるときも、薬草を集めるときも、それは変わらない。ここでいう「清浄」とは、清潔な肉体、性行為はもたない、アルコールは飲まない、生理中の女性を避けるというもの。

理由　自然の食べものや植物は力を有する。人間はいつでも、そのいのちをいただく前に、なぜそのいのちが使われるのかについて説明をし、そうした「存在」に向かって祈るべきである。人は祈りをあげて、この力を用いるときには常に、感情的にも、肉体的にも、精神的にも、清浄であらねばならない。そのようにしたときにはじめて、「存在」の持つ精神的な力は、物理的な特性として人に移行されることになり、自然の力はわれわれの魂に力を与えて、われわれの健康を増進させる。否定的な力はわれわれの魂を汚染し、われわれの健康を損なわせしめる。「力」の乱用は違反者に病を引き起こす。

九、人間は、ドラッグや、アルコールや、わがままや、怠け癖で、いのちを浪費すべきではない。

理由　人間は誰であれみな、この地球の上にそれぞれの目的と理由があって置かれている。造物主はすべての人間がこのたびの人生において各自に与えられた目的を発見しおのれの責務を遂行することを望まれている。人は神聖なものであり、それがゆえにおのれのいのちをむだにすべきではない。いのちをむだにすれば病となり、自然な寿命も短くなり、いのちを落とすことになる。

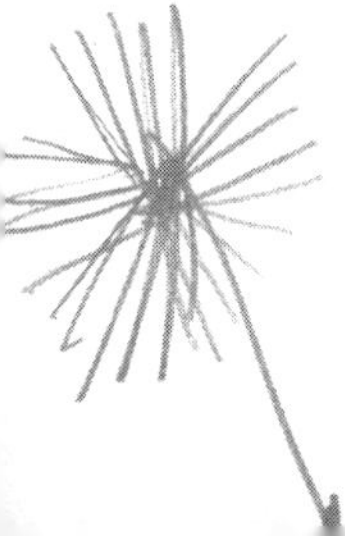

食べ物と食べ物のようなもの

ほんらいは食べ物ではないものを混ぜあわせて
食べ物として提供されている
食べ物のようなものにくれぐれも注意すること。
工場で大量生産される加工食品ではなく
人間が人間のためにつくる
きちんとした「食べ物」を食べよう。
自分が食べているもののことを知ること。

食べ物の食べ方

食べ過ぎないこと。
食べるときには植物を主に。
それも葉物をメインにして。
健康な土で育てられた作物を。
可能ならひとりでは食べない。
ゆっくり時間をかけて食べる。
料理は自分でし、できるなら栽培も。

現実社会における穀物・野菜・果物の手に入れ方

一、野菜も果物も旬の新鮮で一番おいしい高品質のものを買う。

二、添付されたラベルには必ず眼を通す。

三、自然食品と有機栽培は違う。

四、野菜も果物も流れる水道水でよく洗い、表面の土や細菌を極力減らす。

五、農薬が気になるときは、流れる水道水でよく洗うことはもちろん果物も野菜も皮をむく。葉物の野菜は外側の葉を一枚取り去る。

六、野菜も果物も生産者の顔の見える直売所やファーマーズマーケットで購入する。その作物をほんとうに好きな人が育てたものが一番おいしい。

七、穀物や豆類など保存のきくものはまとめ買いする。

八、考え方を柔軟に。不用なものを買い込まないように買い物リストをあらかじめつくる。

九、家の近くにそういう店がない場合はネットで注文する。

十、自分の家族の食べるものは極力自分で育てる。

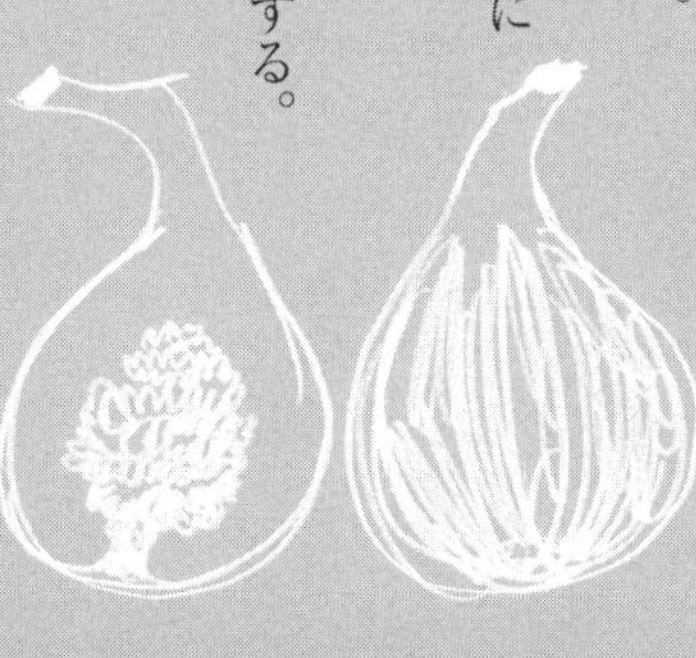

食前の祈り

母としてわれらを養ってくださる大地に
感謝をお返しします。
水を与えてくださる川や流れに
感謝をお返しします。
病を治す力となるすべての薬草たちに
感謝をお返しします。

太陽が消えた後も光を授けてくださる月と星たちに
感謝をお返しします。
慈悲に富むまなざしで大地を見下ろしておられる太陽に
感謝をお返しします。
最後に、すべての善なるものを形あらしめ
その御子たちのためにあらゆるものを導かれる
偉大なスピリットに
感謝をお返しします。

野菜と果物についての原則

一、赤い野菜や果物は心臓によい。
一、黄色やオレンジ色の野菜や果物は目によい。
一、青色、紫色、黒色の野菜や果物は頭脳や記憶によい。
一、緑色の野菜や果物は骨によい。
一、日々色の異なるものをできるだけたくさんの種類食べるように心がける。
一、体の一部に栄養を与えるのでなく、体の全体に栄養を届けるにはすべての色を食べるのがよい。
一、お皿の上が虹のごとく色鮮やかになればなるほど体にはよい、と覚えておく。

われわれはみなことごとく

人間は　特別な存在　なのだろうか?
地球のうえにある動物、植物、鉱物
そのすべてを創られた存在は

人間と草を　優劣をつけて
人間と木を　優劣をつけて
人間と蛇を　優劣をつけて
人間と鳥を　優劣をつけて
人間と熊を　優劣をつけて

人間と石を　優劣をつけて
はたして　ご覧になるのだろうか?

人間は　時として
自分が　宇宙の中心だ　と考える。
わたしたちは　時として
自分のなかに　あるものが
動物や植物や鉱物の　なかの人たち　よりも
優れていたり　上位にある　と考える。
しかし　偉大なる精霊が　あらかじめ設定された
法あるいは掟、原理や原則では
あらゆるものが
等しく　生きて　存在することを　認めている。
あらゆる存在が
等しく　同じ法のもとで　生きている。

わたしたちの　からだを　構成している　原子と
一本の木を　かたちづくっている　原子は　同じもの。
その原子の　中心にある「生きる力」は
どちらも　偉大なる神秘によって　与えられたもの。
この力は
すべてに　等しく　与えられている。
この世界を　創られた存在から　見れば
われわれは　みなことごとく　すべて　等しい。

まことの細道を辿って歩く兄弟姉妹たちへ

地球に生きる人たちの生き方はしばしば「道」にたとえられる。「The Way」である。ただの道、ただの細い道、ただの「地球に生きる人間の道」である。そしてこの細道を辿りつつ進む者には勤めがある。

一、人間がほしいままに用いて崩した自然のバランスを回復させること

一、現在は慣例となってしまっている破壊からこの惑星を救うこと

一、まことの価値を見つけて再活用すること

一、ふたつの性のあいだにほんとうのバランスをうちたてること

一、物へのこだわりを減らしてわけあうこと

一、偏見から自由になること

一、つながりあっていることを学ぶこと

一、動物たちを愛護して不必要にいのちを奪わぬこと

一、誰の子どもとも等しく平等に愛して仲良く遊ぶこと

一、腹をすえて勇気を出し、立場を明解にして本気で関わること

一、「いまだ生まれざる世代」の真に意味するものを理解すること

一、宗教にかかわる馬鹿げた議論を終わらせるために偉大なる神秘を受け入れること

地球とわたしたちとをつなぐ四つの教え

土。大地。母なる地球。それはわたしたちに人間であるとはいかなることかを教えてくれる。いのちをもたらし、わたしたちにその恵みをわけあってくださる。その母なる地球からの恵みに対する返礼として、母なる地球のうえで生きるすべてのいのちあるものを保護するのは、わたしたちの責務である。

石。岩。岩石。岩山。それは時代を越えて知恵を運ぶもの。地球上で最高齢の師として尊敬を込めて「曾祖父」と呼ばれるもの。その岩や石から、わたしたちは内なる力と信仰を学ぶ。岩はその動きがあまりにもゆっくりであるために、まるで動くことはないようにも見えるが、しかしそれがひとたび動くときは、全世界が刮目《かつもく》する。

木。

樹木。巨木。老木。わたしたちに清らかな心を教えてくれるもの。その根から集めた滋養分を、樹木はおのれの枝葉の隅々にまでもたらすことができる。樹液がその幹のなかを巡るがごとく、わたしたちもわたしたちのなかを隅々まで、真実を巡らせてゆくすべを学ばねばならない。地球に生きるすべての人間には、必ず自分の木が一本与えられている。もしあなたが、全世界を両肩の上に担いでいるかのような振る舞いをすれば、深く頭を下げてかがみこんでいる木を見ることになるだろう。木のなかには背がずばぬけて高い木もある。いかにもまっすぐで、見た目の良いものもある。だがそうした木だからといって、内側が腐っていないとはかぎらない。人間のなかにも、そういう人間はいる。ねじ曲がった人間は、同じようにねじ曲がった木を見つける。わたしたちは背が高くてまっすぐで、清らかな心を持ち、立派な根を地中にしっかりと広げているような一本の木となるよう、懸命に努力をしなくてはならない。わたしたちのように、一本一本の木が、それぞれ人として独立していてもなお、ひとつの家族の一員であることを理解しなくてはならない。

草。

たとえ踏みつけにされようと、いつでも立ち直り、にこやかにそこに還ってくる緑の草。わたしたち人間も同じように他の人間を踏みつけにしたり、踏みつけにされたりすることがあるだろう。たとえいかなるときにも、自分と自分以外の人に対しての優しさを失うことなく、常に緑の草のごとく立ち直り続けなくてはならない。わたしたちが互いに面倒を見合わなければならないように、同じように緑の草を育て、肥料を与え、世話をする。草の葉の一枚一枚に裏と表があるように、わたしたち人間にもなめらかな面とがさがさしている面とがある。ときには鋭利な葉っぱの縁で手を切ってしまうこともあるだろう。わたしたちはそのことをしっかりと認識し、自分や他人を傷つけたりしないように誰に対しても優しくあらねばならない。

命。そして動物たち。この人たちはわたしたちにかけがえのない贈り物を与えてくれる。その贈り物とは、わけあうことがいかに大切かという教えである。この人たちがそのいのちを差し出してくれるおかげで、わたしたちは生きてゆけるのである。その昔、はるか大昔、わたしたちの祖先は、天と地を作られし御方に、しばしば祈りを捧げて、一族の者たちを養うための動物を求められた。狩人と動物が心で結びつけられているとき、死ぬ用意の出来た動物がそこに姿をお見せになる。狩人たちはその動物をしとめると、いのちを差し出してくれたその動物の心の臓を切りわけてそれぞれが口にし、その一部を必ず、感謝の祈りとともに母なる大地への捧げものとした。ひとりの生きとし生けるものとして、わたしたちは互いにわけあうことを、そしてわけあたえられたいのちの贈り物に感謝することを学ぶ必要がある。

土と、岩と、木と、草たちと、動物たちからもたらされる偉大な四つの教えである、

「信じること」
「心は清らかに」
「助けあうこと」
「わけあうこと」

の、これら四つの教えこそ、わたしたちとわたしたちの母なる地球とをつなぎあわせているものである。

温泉に浸かるときのただひとつのルール

NO FIGHTING AT A HOT SPRING!
（温泉ではいっさいの争いごと禁止）

温泉はグッドメディスンとして長いこと使われ続けた。それは神聖な場所であり、癒しの場所であり、温泉の近くで会議や宗教儀式がしばしばもたれた。温泉とは自然に熱いお湯が大地から湧き出している場所のことをいい、むりやり母なる大地に穴を掘ってお湯を抜き出すものは温泉の本当の意味からは外れている。

どうして人生には たいへんなことが起きるのか?

「どうして人生には
時として大変なことが起きるのですか?」
若者が年寄りにたずねた。
その質問を受けて
その偉大な年寄りがこたえた。

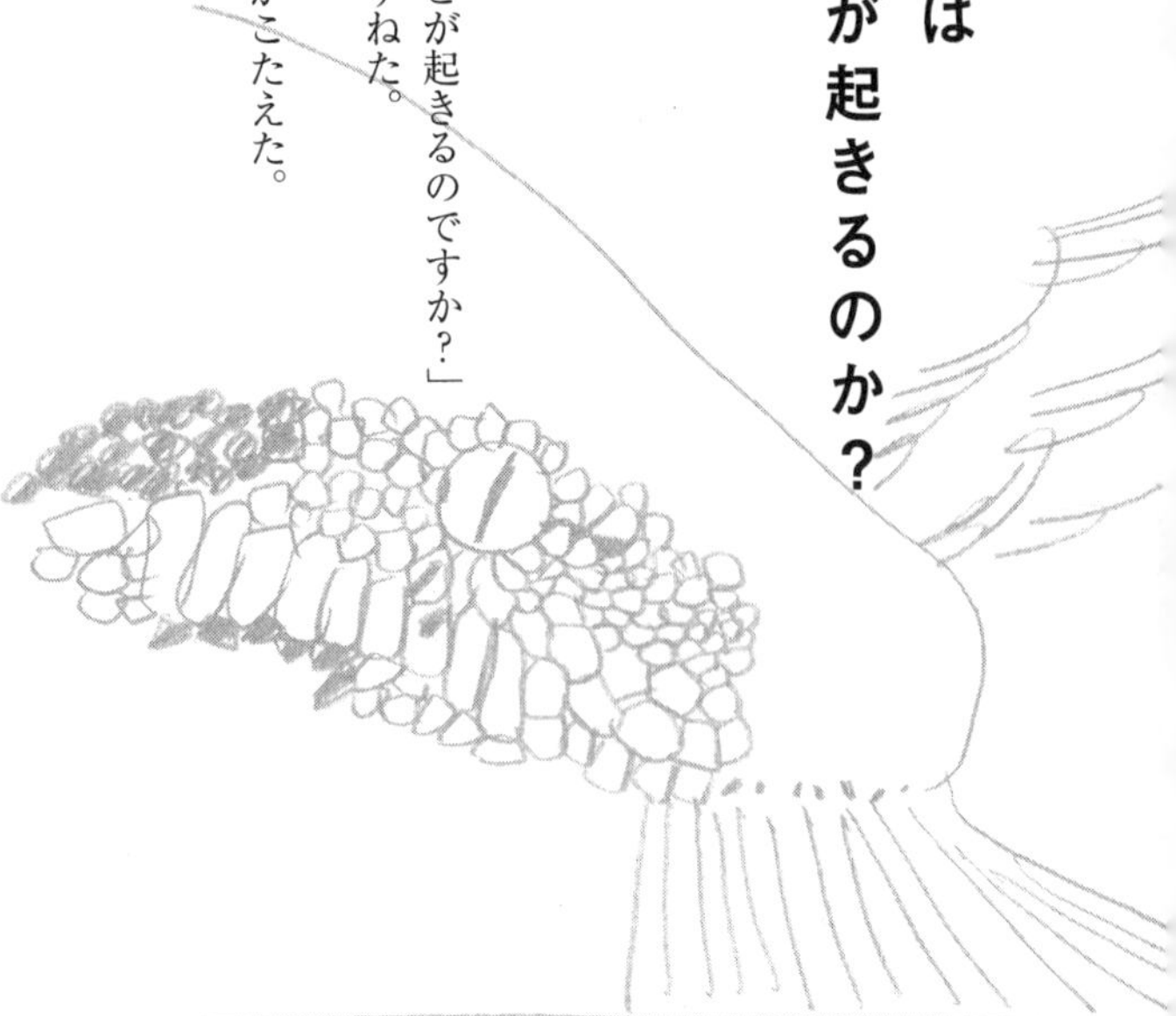

「*グランドファーザーはこうおっしゃられる。
人生には、悲しみがあるように喜びもある。
負けることがあれば勝つこともある。
倒れることもあれば、立ったまま動かないこともある。
腹が減っているときも、満腹のときもある。
悪いこともあるし、良いこともあるだろうと。
この言葉を聞いて、なにも落ち込む必要はない。
グランドファーザーはそうおっしゃることで
おまえさんに現実というものを教えてくださっているのだから。
つまり人が生きるということは
光のなかを歩くときもあり、影のなかを進むときもあるということなのだ」
「グランドファーザーはこうおっしゃられる。
なるほどおまえさんは誰に生んでくれと頼んだわけでもない。
だが今おまえはここにいる。

弱さもあれば、強いところもあるだろう。
おまえさんにはその両方が備わっている。
なぜなら、人生においては、すべてのものにふたつの面があるのだから。
おまえさんのなかにだって、勝ちたいと思う意志があるように
負けさせようとする力も働いている。
思いやりを感じる心もあれば、偏狭で高慢な部分もあろう。
おまえのなかには、人生に正面から立ち向かおうという生き方もあるし
同じように、それから逃げ出してしまいたいという恐怖もある」

「グランドファーザーはこうおっしゃられる。
人生はおまえさんに生きる力を与えることもできると。
その力は、人生の嵐に立ち向かったとき
負けを知ったとき、悲しみや胸の痛みを知ったとき
深い悲しみと向かいあったときに与えられるだろう。
おまえは嵐のただ中でしっかりと立たねばならない。

吹きつける風や、寒さや、暗闇から、顔を背けてはならない。
吹きつける嵐がひどくなったら、それだけしっかりと立たなくてはならない。
なぜなら激しく吹きつけてくる風は
おまえを打ち倒そうとしているのではなく
ほんとうはどうすれば強くなれるのかを
おまえに教えようとしているのだから」

「グランドファーザーはこうおっしゃられる。
強い人間というのは、いくら体が疲れていたとしても
山の頂にむかってさらに一歩足を踏みだす者のことを意味する。
それはまた悲しみの涙がいつまでもとまらないことをも意味する。
どちらを向いても絶望の闇のなかで
それでも答えを探し求めつづけることを意味する。
あと一度心臓がビートを刻むことの希望にしがみつき
自分の目で夜明けの太陽を見るために

約束された新しい日の到来を確認するために
生きることにしがみつくことを意味する」

「グランドファーザーはこうおっしゃられる。
山の頂にむかってさらに一足、昇り来る太陽にむかってさらに一足
希望にむかってさらに一足、そうやって踏み出された一歩は
いかに弱々しいものであろうと
どんなに手強い嵐よりもはるかに力ある一歩であるだろう」

「グランドファーザーはこうおっしゃられる。
足をとめることなく、前に進みなさいと」

＊ネイティブの世界においては、グランドファーザーは実際の長老を意味すると同時に、「母なる地球・父なる空」の「空であるところの父」をも意味する。

生きていくというのは

これはあるインディアンの村の話だ。ある日、一頭の年老いたロバが涸れ井戸の深い穴に落ちるという事故が起きた。ロバの飼い主だったインディアンの爺さまが穴の縁から下をのぞきこんで、なんとかしようと考えている間、ロバは悲壮な声で何時間も鳴き続けた。

しかし結局爺さまには、ロバを助けるためにはなにもできないということがわかっただけだった。穴は深く、助けたくてもどうしようもないという現実を、最終的に爺さまは受け入れるしかなかったのだ。ロバも年齢が年齢だった。仕方がない、ここがあの老いぼれロバの墓場になるのかと爺さまは考えた。大がかりなことをしてどうしても助け出さなくてはならないほど若くバリバリ働けるロバではなかった。爺さまは涙をのんでその穴を埋めることにした。穴をこのままにしておくと、村の子どもたちが落ちないともかぎらない。

爺さまは一族の者たちを呼び集めた。事情を説明し、穴を埋める作業を手伝ってもらうことにした。人々は手に手にシャベルを持ち、次々と土を上からおとしはじめた。しばらくの間、穴の底のロバはいっそう悲壮な声で絶叫していた。なにが起こっているのかロバは気がついたのだ。年老いたロバの恐怖にあふれた鳴き声が穴のなかで響いていた。ところが、しばらくすると、その声が嘘のように静まりかえった。村の者たちも、それには驚いた。

穴が半分近く埋まった頃、ロバの飼い主だったインディアンの爺さまが意を決して涸れ井戸の穴の奥をのぞきこんでみた。いったいなにが起きたのか？　そこで見たものに爺さまは腰を抜かすほど驚いたという。穴の下で、上から降ってくるひとかたまりの土塊が自分の背中にかかるたびに、ロバは実に驚くべき行動をとっていた。背中に土が降りかかると、ロバは体を震わせてその土を払いおとし、そして払いおとした土を足で踏み固めていたのだ。そうやってロバは一歩一歩階段をのぼるように上にあがってきていた。一族の者たち全員が驚いたのは、それからまもなくして、ロバが穴の縁に姿を見せ、縁に足をかけると穴から這いだして、勝手に外に出て、とことこと歩いていずこへか姿を消してしまったことだった。

人生というのは、上から泥の塊が降り続けるようなものだろう。その泥は、実にさまざまで、ありとあらゆる種類の泥が降りかかってくる。人生を生き抜く鍵は、体に泥がかかったらそれを振りおとし、振り払った土を足の下で踏み固めて、しっかりと上にあがっていくことなのだ。誰の人生にもたくさんの問題が待ちかまえている。その問題のひとつひとつが、踏み固めて行かなくてはならないものなのだな。あきらめて立ち止まってしまったら、われわれは穴から抜けだすことはできない。重要なのは、どんな状況に陥っても、そのロバのように最後まであきらめないことなのだ。体に降りかかった土を振り払い、払い落とした土を足で踏み固めること。

幸福にいたる簡単な五つのルール

一、憎しみから心を自由にする
二、不安から頭を自由にする
三、質素な暮らしをする
四、より多くを与える
五、見返りを期待しない

健康と幸福と繁栄と成功を手に入れるための秘密

あなたのほしいものを具現化しているすべての人、
具体化しているすべてのものを
祝福すること。
そして祝福を最も効果あらしめるためには
祝福の効果を相殺《そうさい》させる言葉を
いっさい使わないこと。

スピリットをきれいに洗おう

必要のないものはあげてしまおう
どんどん手放していけばわかる
そうやって自分のスピリットをきれいにしているのだと

スピリットをきれいに洗おう

山の頂に登り、 祈りをあげよう
海辺にたたずんで祈りをあげよう

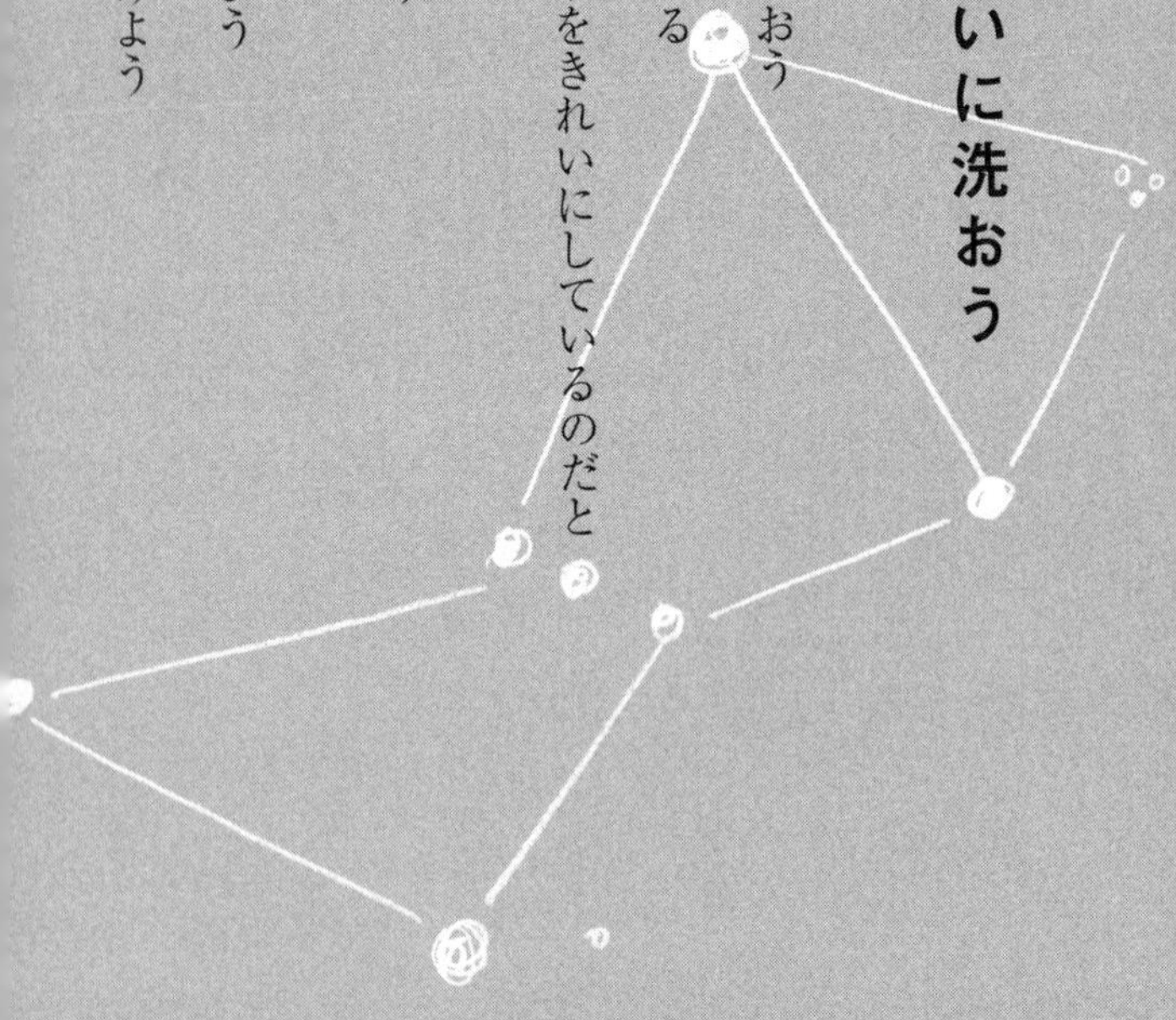

そうすれば自分のスピリットがきれいになるだろう
スピリットをきれいに洗おう

あらそいごとはありがたく思おう
学びのすべてに感謝をしよう
そうすれば自分のスピリットがきれいになるだろう
そうすれば自分のスピリットがきれいになるだろう

Walela《ワレラ》（ハチドリ）という名前のネイティブ・アメリカンのソンググループがチェロキー語と英語で歌っているもの。もとはチェロキーの歌。ワレラはリタ・クーリッジと姉のプリシラ・クーリッジ、そしてプリシラの娘のローラ・サターフィールドの三人で一九九六年に活動開始した。

さらに道を前に進みなさい

最も注目を集める人が常に賢い人だとはかぎらない。コヨーテは強くて日当たりの良い平原を走りまわることで他の動物たちに力を見せつけて、自分の狩ろうとする動物たちに恐怖を与えているが、実際のところ餌食となる獲物はたいして捕まえられないで、いつも腹をすかせている。それに反して森で暮らすフクロウは、静かにじっとしてただ待つだけ。獲物となるものはフクロウの姿など目に入らず、だからフクロウのことなど少しも恐れていないがゆえに、フクロウは毎晩獲物を食べることができる。

賢い人間とはこのたとえでいうフクロウのごとき人間のことをいう。彼は物静かに自分の時を待つ。女であれ男であれ、すべての人には偉大な精霊によって進むべき道が与えられている。道がどれも平坦な開けたところを行く道とはかぎらない。ほとんどの道は上り坂の道かもしれない。平坦な道を大騒ぎをして走りまわる必要もないし、道が森に向かっていてもあわてることはない。

　重要なのはその道を自分と自分の一族のために見つけること、そして一族の子どもたちがその道の上の最初の一歩を踏み出すことに手を貸すこと。あなたが有名でもなく、金持ちでもなく、国の偉大な指導者でもなくても、それはあなたが必要とされていないということではない。またあなたがすでに有名で、金持ちで、国の偉大な指導者なら、そこがあなたの道の行き止まりということを意味するものではない。

　あなたがなにものであれ、そこで立ち止まってはいけない。立ち止まるのではなく、しっかりと自分の道を確実に一歩一歩あわてることなくさらに前進せよ。地球に生きる人の道を進むことだけが、あなたをあなたたらしめた祖先たちと、あなたにいのちを与えられた偉大な精霊を讃えることなのだから。

人間はもともと聖なるものなどではない

人間は少しも聖なるものなどではない。
人間は人間。
あなたもわたしも聖なるものなどではない。
しかし人間には聖なることをすることができる。
誰かの力になること
不正義と闘うこと
人々のために立ちあがること
わたしたちの母なる地球を守ること
これらはみな人間のできる聖なることである。
地球で人間をするのはなかなかタフなことなのだ。

最後まで読んでくれてありがとう。

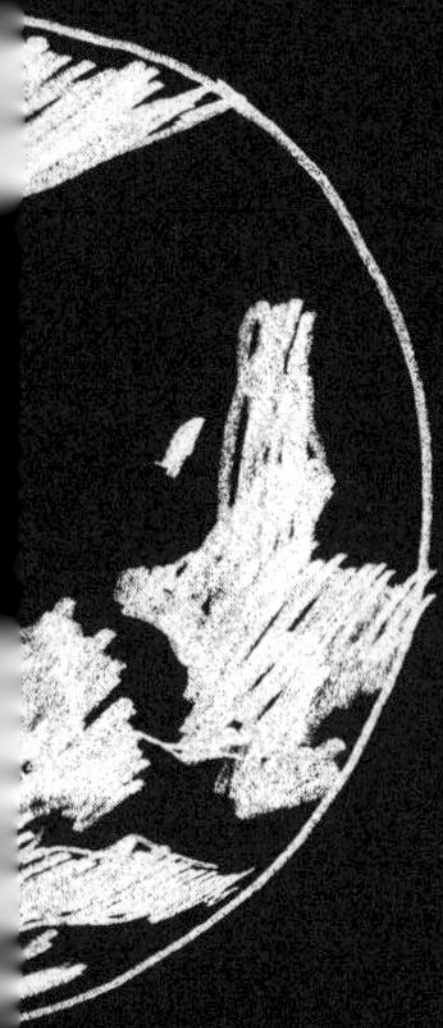

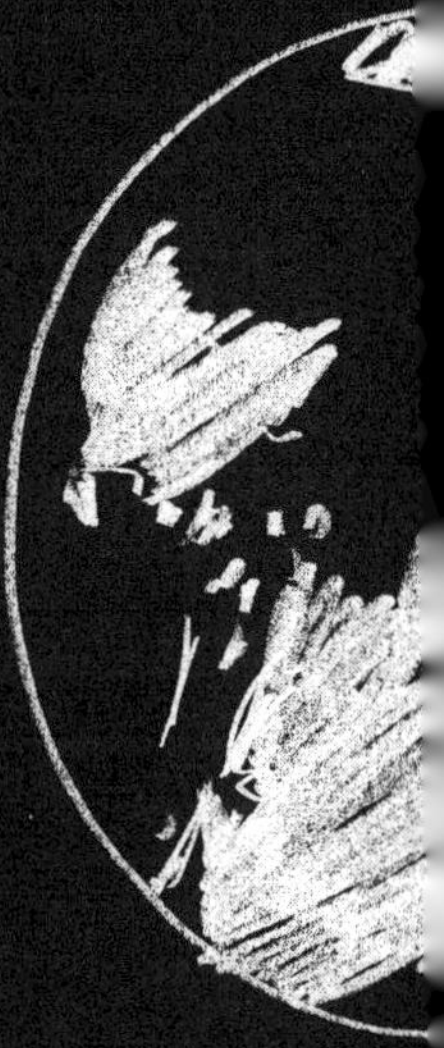

食べ物について知っておくこと

この星で手に入る主な食べ物に関して、
その基本的な働きをまとめておきました。

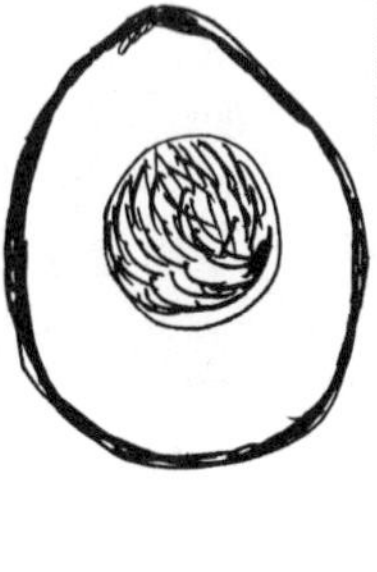

アスパラガス	ガンと闘う　便通改善　血圧調整
アボカド	糖尿病と闘う　コレステロール低下　脳梗塞予防　血圧調整　美肌効果
粟《あわ》	腎臓の働きを改善　アンチエイジング
あんず	ガンと闘う　血圧調整　視力保護　アルツハイマー防御　老化防止

イチゴ	疲労回復　心臓守護　血圧調整　アンチエイジング
いちじく	体重抑制　脳梗塞予防　コレステロール低下　ガンと闘う 血圧調整
オーツ麦	心臓守護　抗うつ作用　コレステロール低下　便通改善
オリーブオイル	心臓守護　体重抑制　ガンと闘う　糖尿病と闘う　美肌効果
オレンジ	免疫システム支援　ガンと闘う　心臓守護　呼吸調整
かぼちゃ	アンチエイジング　ガンと闘う　免疫システム支援　便通改善
カリフラワー	前立腺ガンと闘う　肺ガンと闘う　骨強化　青あざを消す 心臓守護
キウイ	高血圧予防　消化促進　美容効果　便通改善　ストレスと闘う
きのこ	免疫システム支援　ガンと闘う　脳細胞活性化　アンチエイジング

黍《きび》	心臓守護　健胃整腸　脾臓《ひぞう》強化　アンチエイジング
キャベツ	ガンと闘う　便通改善　体重抑制　心臓守護　痔《じ》を救う
きゅうり	利尿効果　血圧調整　ガンと闘う
栗	体重抑制　心臓守護　コレステロール低下　ガンと闘う　血圧調整
クルミの実	肥満予防　糖尿病と闘う　心臓守護
グレープフルーツ	抗心臓発作　体重抑制　脳卒中予防　前立腺ガンと闘う コレステロール低下
コーヒー	アルツハイマー予防
ココナッツミルク	心臓守護　ウィルスと闘う
小魚	コレステロール低下　骨強化
ごぼう	便通改善　コレステロール低下　血糖値低下　糖尿病と闘う

ごま	血圧調整　コレステロール低下　ガンと闘う　骨強化
小麦胚芽	不眠解消　美肌効果　糖尿病と闘う　ガンと闘う　老化防止
コメ（玄米）	心臓守護　糖尿病と闘う　腎臓結石征服　ガンと闘う　脳卒中予防
魚	心臓守護　記憶力増進　ガンと闘う　免疫システム支援
さくらんぼ	心臓守護　ガンと闘う　不眠解消　老化防止 アルツハイマー予防
サツマイモ	視力保護　気分高揚　ガンと闘う　骨強化
さといも	便通改善　脳細胞活性化　ガンと闘う　免疫システム支援
砂糖	取扱注意
しいたけ	ガンと闘う　肥満予防　骨粗《こつそ》鬆症《しょうしょう》予防　骨強化
塩	健胃整腸

シナモン	血糖値安定　ガンと闘う　炎症抑制
ジャガイモ	高血圧予防　ガンと闘う
ショウガ	食欲増進　低血圧改善　大脳興奮　ガンと闘う
すいか	前立腺守護　ガンと闘う　コレステロール低下　脳卒中予防 血圧調整
ストロベリー	ガンと闘う　心臓守護　記憶力増進　ストレス緩和
そば	動脈硬化予防　高血圧予防　便通改善　活力増進　糖尿病と闘う
大根	消化促進　滋養作用　利尿効果　食欲増進　風邪緩和
タマネギ	成人病予防　脳卒中予防　ガンと闘う
チリペッパー	消化促進　のどの痛み緩和　鼻通り改善　ガンと闘う 免疫システム支援
トウモロコシ	疲労回復　コレステロール低下　高血圧予防　ガンと闘う

トマト	前立腺守護　ガンと闘う　コレステロール低下　心臓守護
なす	ガンと闘う　アンチエイジング　糖尿病予防　便通改善
ニンジン	視力保護　心臓守護　便通改善　ガンと闘う　体重抑制
ニンニク	コレステロール低下　血圧調整　ガンと闘う　殺菌作用　カビ予防
ねぎ	消化促進　冷え性改善　風邪緩和
パイナップル	骨強化　風邪緩和　消化促進　いぼ解消　下痢を止める
パセリ	免疫システム支援　風邪予防　コレステロール低下
はちみつ	傷回復　消化促進　潰瘍《かいよう》予防　活力増進　アレルギー撃退
バナナ	心臓守護　咳を鎮める　骨強化　血圧調整　下痢を止める
ビート	血圧調整　ガンと闘う　骨強化　心臓守護　体重抑制

ピーナッツ	心臓守護　体重抑制　前立腺ガンと闘う コレステロール低下
ピーマン	ガンと闘う　アンチエイジング　風邪予防 免疫システム支援
稗《ひえ》	脾臓強化　骨粗鬆症予防　アンチエイジング
ひじき	美肌効果　骨粗鬆症予防　便通改善　血圧調整
ぶどう	視力保護　腎臓結石征服　ガンと闘う　血流改善　心臓守護
ブルーベリー	ガンと闘う　心臓守護　血糖値安定　記憶力増進　便秘予防
プルーン	老化防止　便秘予防　記憶力増進　ストレス緩和
ブロッコリ	骨強化　視力保護　ガンと闘う　心臓守護　血圧調整
ほうれんそう	ガンと闘う　骨強化　糖尿病と闘う　消化促進

マカデミアナッツ	コレステロール低下　血栓症予防
松の実	動脈硬化改善　神経を強くする
豆	便秘予防　痔を救う　コレステロール低下　ガンと闘う 血糖値安定
マンゴー	ガンと闘う　記憶力増進　甲状腺調整　消化促進 アルツハイマー予防
みかん	ガンと闘う　心臓守護　糖尿病と闘う　血圧調整
水	体重抑制　ガンと闘う　腎臓結石征服　美肌効果
味噌	ガンと闘う　脳卒中予防　コレステロール低下　糖尿病予防 老化防止
メロン	視力保護　血圧調整　コレステロール低下　ガンと闘う 免疫システム支援

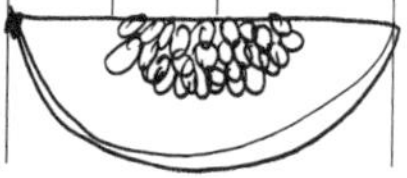

モモ	ガンと闘う　糖尿病と闘う　便通改善
緑茶	コレステロール低下　体脂肪燃焼　ガンと闘う　血糖値低下 虫歯予防
りんご	心臓守護　便通改善　下痢を止める　肺の働きを改善 関節の動きを楽に
レモン	骨強化　抗酸化作用　動脈硬化改善
ヨーグルト	潰瘍予防　骨強化　コレステロール低下　免疫システム支援 消化促進

文庫版あとがき

ネバダ州の砂漠のただ中でぼくに道を指し示してくれたあのお方との出会いからこのレッスンははじまりました。二十代最後の歳で、アメリカで暮らしていたぼくは、その後毎年のように彼のもとを訪れて教えを乞い、八〇年代に帰国後も、この時にはじまった学びは彼の亡くなる九〇年代半ばまで、いや亡くなってからもスピリットの世界で続きました。今もなお空で雷が鳴ると、あの方の声が聞こえて、ことあるごとに向こうの世界からメッセージを伝えてくるのです。

この地球のレッスンには終わりがありません。

学びはこれからも続くのです。

北山耕平

推薦文

「人を変えようと思う前に、自分が変わらないといけないな、と思わされる本です。

私たちは地球に生かさせてもらっている生命のうちのほんのひとつであることを、私たちが忘れなければ、この星はもうちょっとどうにかなる。この本を読んでそんな希望もわいてきました。」

二階堂和美（歌手、浄土真宗僧侶）

解説　背すじをのばし、また、歩きだすために

広瀬裕子

「人生の地図」というものがあるなら「手にしたい」と思っていたときがあります。おなじ時代を生きる人たちの多くが「学生」とひとくくりにされていたあとにやってきた時間のなかで、二十代のわたしは途方に暮れていました。どうやって生きていけばいいのか、生きていきたいのか、「人生」という長い時間の歩き方を見つけられないでいました。歩き方だけでなく、すすむ方向もわからず、仕事をつづけていく自信もなく、休日をこころ待ちにするようにもなりたくなく、まして自分を確立する前にだれかとともに生きることも考えられませんでした。その思いを共有できる人もいなく、ときどき世の中の矛盾に苛立ちも感じ……。もちろん、たのしいこともたくさんあったのですが、胸のおくには、いつもなにかが引っかかっていました。

そんなとき、北山耕平さんの本とめぐり合いました。『自然のレッスン』というタイトルの本。この本が、北山さんのことばとのはじめての出合いです。

『自然のレッスン』は、ご存じの方も多いと思います。気持ちの持ち方やたましいのむかう方向、日々の知恵。北山さんが長い放浪の旅——そのほとんどが、ネイティブ・アメリカンの人たちとの時間——のなかで知った「教え」がつづられています。

本のなかには、学校や社会で教わったこととはちがう価値観が記されています。たとえば。「話すときのこころがけ」ではゆっくり、ひくい声で、もの静かに、と書かれています。生き方のページには「自然に生かされている」とあり、「なにかを決めなければならないときには」のところには、そこに「美しさ」があるかどうかをまず考えてみることをすすめます、とあります。

ものごとの捉え方や習慣、食べるものを変えつつあったわたしにとって、この本は、背中をおしてくれるものでした。信じていたこと、ぼんやりと感じていたこと、「こうしていこう」と決めたことが、確信を持ち書かれていたのです。それらのことばは、ちいさなひかりの道しるべのようでした。それから、何百回と（大げさではなく）本をひらき、読み、こころにきざみ、わたしは「わたし」になっていったのです。

『地球のレッスン』は、『自然のレッスン』の続編とも言える本です。北山さんのことばにふれてきた人にとっては、思いがけないギフトだったことでしょう。友人たちは「あたらしい本がでる」と、そわそわしていました。わたしも、おなじように、このころ待ちにしていたひとりです。

『地球のレッスン』も『自然のレッスン』同様、ひかりあふれることばが散りばめられていました。すっかり大人になったわたしは、自分の道を歩いていましたが、人生はいいときばかりではありません。まようこともあります。手にしている「自分の地図」をながめ、行くべきほうを確かめなければならないことも幾度かありました。立ち止まることも、道をはずれることも。

そんなとき、思い出したように本を手にし、ページをめくるのです。そこでは「共通のことば」を持つ人たちの存在を確かめることができます。なにが必要で、なにを求めているかも確認することができます。そうして、気を取り直し、背すじをのばし、また、歩きはじめるのです。

人生は、ときどき、すてきなことを用意してくれています。わたしは、いつからか、北山さんとことばを交わすようになり、何度か、ちいさな集まりのなかでともにすごす時を持てるようになりました。セージを焚き、清められた場で、語られることば。そこは、調和のとれた美しい世界でした。ずっと前のわたしに、ことばがとどけられるのなら、そんなときがやってくることをつたえてあげたい。

『地球のレッスン』も、『自然のレッスン』も、いつでも手にとどくところに置いています。思い出したように最初から本をひらくときもあれば、何も考えずぱっとページをひらくときもあります。

ときに、おどろくのは、すでに自分の一部になっている(と、信じている)ことばや習慣や思いが、そこに書かれていることです。長い時間のなかで、北山さんのことばは「わたし」になっているのです。砂漠に行くこともなく、放浪することもなく、自分の部屋で、町なかのコーヒーショップで、旅の途中で、わたしはそのことばを受けとってきました。食べたものでからだがつくられていくように、読んだことばはいつのまにかわたし自身になり、わたしのなかに根づき、種をまいてもらったことさえわすれているのです。

二〇一一年。大地が大きくゆれたその年の秋、北山さんは、倒れられました。そのことがつたわってきたとき、わたしも、親しい人たちも、北山さんの回復をこころから願いました。「還ってきてほしい」と。そして、いま、北山さんとこういう形でふたたびつながれたことをとてもうれしく思います。

本書のイントロダクションには「もういちど、あなたと地球に生きる普通の人として会いましょう」とあります。そう。そういう日がくることを、あれから、ずっと望んでいたのです。北山さんのことばを受けとり、ともに歩いていると感じている人たちは、おなじ気持ちにちがいありません。また、こうして、この日が、やってきたことをこころから感謝しています。

この星に、この星に生きる人たちに、すべてのいのちに祝福を。

（ひろせ・ゆうこ　エッセイスト／編集者）

地球のレッスン さくいん

第一部 ハートへのレッスン

第二部 魂へのレッスン

本書は、二〇〇九年十二月に太田出版から刊行されました。

著作権者との契約により、本著作物の二次及び二次的利用の管理・許諾は株式会社太田出版に委託されています。

考現学入門　今和次郎　藤森照信編

震災復興後の東京で、都市や風俗への観察・採集からはじまった〈考現学〉。その雑学の楽しさを満載し、新編集でここに再現。（藤森照信）

超芸術トマソン　赤瀬川原平

都市にトマソンという幽霊が！　街歩きに新しい楽しみを、表現世界に新しい衝撃を与えた超芸術トマソンの全貌。新発見珍物件増補。（藤森照信）

路上観察学入門　赤瀬川原平／藤森照信／南伸坊編

マンホール、煙突、看板、貼り紙……路上から観察できる森羅万象を対象に、街の隠された表情を読みとる方法を伝授する。（とり・みき）

自然のレッスン　北山耕平

自分の生活の中に自然を蘇らせる、心と体と食べ物のレッスン。自分の生き方を見つめ直すための詩的な言葉たち。帯文＝服部みれい（曽我部恵一）

地球のレッスン　北山耕平

地球とともに生きるためのハートと魂のレッスン。そして、食べ物について知っておくべきこと。絵＝長崎訓子。推薦＝二階堂和美（広瀬裕子）

ROADSIDE JAPAN 珍日本紀行 東日本編　都築響一

秘宝館、意味不明の資料館、テーマパーク……。路傍の奇跡ともいうべき全国の珍スポットを走り抜ける旅のガイド、東日本編一七六物件。

ROADSIDE JAPAN 珍日本紀行 西日本編　都築響一

蠟人形館、怪しい宗教スポット、町おこしの苦肉の策が生んだ妙な博物館。日本の、本当の秘境は君のすぐそばにある！　西日本編一六五物件。

ウルトラマン誕生　実相寺昭雄

オタク文化の最高峰、ウルトラマンが初めて放送されてから40年。創造の秘密に迫る。スタッフたちの心意気、撮影所の雰囲気をいきいきと描く。

ウルトラ怪獣幻画館　実相寺昭雄

ジャミラ、ガヴァドン、メトロン星人など、ウルトラマンシリーズで人気怪獣を送り出した実相寺監督が書き残した怪獣画集。オールカラー。（樋口尚文）

輝け！　キネマ　西村雄一郎

日本映画の黄金期を築いた巨匠と名優、小津安二郎と原節子、溝口健二と田中絹代、木下惠介と高峰秀子、黒澤明と三船敏郎。その人間ドラマを描く！

関西フォークがやって来た！　なぎら健壱

1960年代、社会に抗う歌を発表した「関西フォーク」。西岡たかし、高田渡、フォークルらの足跡を辿り、関西のアングラ史を探る。（タブレット純）

痛みの作文　ANARCHY

京都・向島の過酷な環境で育った少年は音楽と仲間に出会い奇跡を起こす。日本を代表するラッパーが綴る魂震えるリアル・ストーリー。（都築響一）

大正時代の身の上相談　カタログハウス編

他人の悩みはいつの世も蜜の味。大正時代の新聞紙上で129人が相談した、あきれた悩み、深刻な悩みが時代を映し出す。（小谷野敦）

横井軍平ゲーム館　横井軍平　牧野武文

数々のヒット商品を生み出した任天堂の天才開発者・横井軍平。知られざる開発秘話とクリエイター哲学を語った貴重なインタビュー。（ブルボン小林）

悪魔が憐れむ歌　高橋ヨシキ

政治的に正しくなく、安っぽいショックの中にこそ救いとなる表現がある。映画に「絶望と恐怖」という友人を見出すための案内書。（田野辺尚人）

バーボン・ストリート・ブルース　高田渡

流行に迎合せず、グラス片手に飄々とうたい続け、いぶし銀のような輝きを放ちつつ逝った高田渡の酔いどれ人生、ここにあり。（スズキコージ）

間取りの手帖　remix　佐藤和歌子

世の中にこんな奇妙な部屋が存在するとは！　間取りと一言コメント。文庫化に当たり、間取りとコラムを追加し著者自身が再編集。（南伸坊）

ブルース・リー　四方田犬彦

ブルース・リーこと李小龍はメロドラマで高評を獲得し、アクション映画の地図を塗り替えた。この天才俳優の全作品を論じる、アジア映画研究の決定版。

たまもの　神藏美子

彼と離れると世界がなくなってしまうと思っていたのに、別の人に惹かれ二重生活を始めた「私」。写真と文章で語られる「センチメンタルな」記録。

青春と変態　会田誠

著者の芸術活動の最初期にあり、高校生男子の暴発するエネルギーを、日記形式の独白調で綴る変態的青春小説もしくは青春的変態小説。（松蔭浩之）

品切れの際はご容赦ください

思考の整理学　外山滋比古

アイディアを軽やかに離陸させ、思考をのびのびと飛行させる方法を、広い視野とシャープな論理で知られる著者が、明快に提示する。

質問力　齋藤孝

コミュニケーション上達の秘訣は質問力にあり！　これさえ磨けば、初対面の人からも深い話が引き出せる。話題の本の、待望の文庫化。（斎藤兆史）

整体入門　野口晴哉

日本の東洋医学を代表する著者による初心者向け野口整体のポイント。体の偏りを正す基本の「活元運動」から目的別の運動まで。（伊藤桂一）

命売ります　三島由紀夫

自殺に失敗し、「命売ります。お好きな目的にお使い下さい」という突飛な広告を出した男のもとに、現われたのは？（種村季弘）

こちらあみ子　今村夏子

あみ子の純粋な行動が周囲の人々を否応なく変えていく。第26回太宰治賞、第24回三島由紀夫賞受賞作。書き下ろし「チズさん」収録。（町田康／穂村弘）

ベルリンは晴れているか　深緑野分

終戦直後のベルリンで恩人の不審死を知ったアウグステは彼の甥に訃報を届けに陽気な泥棒と旅立つ。歴史ミステリの傑作が遂に文庫化！（酒寄進一）

向田邦子ベスト・エッセイ　向田邦子／向田和子編

いまも人々に読み継がれている向田邦子。その随筆の中から、家族、食、生き物、こだわりの品、旅、仕事、私……、といったテーマで選ぶ。（角田光代）

倚りかからず　茨木のり子

もはや／いかなる権威にも倚りかかりたくはない……話題の単行本に3篇の詩を加え、高瀬省三氏の絵を添えて贈る決定版詩集。（山根基世）

るきさん　高野文子

のんびりしていてマイペース、だけどどっかヘンテコな、るきさんの日常生活って？　独特な色使いが光るオールカラー。ポケットに一冊どうぞ。

劇画ヒットラー　水木しげる

ドイツ民衆を熱狂させた独裁者アドルフ・ヒットラーとはどんな人間だったのか。ヒットラー誕生からその死まで、骨太な筆致で描く伝記漫画。

ねにもつタイプ　岸本佐知子

何となく気になることにこだわる、ねにもつ。思索、奇想、妄想はばたく脳内ワールドをリズミカルな名短文でつづる。第23回講談社エッセイ賞受賞。

TOKYO STYLE　都築響一

小さい部屋が、わが宇宙。ごちゃごちゃと、しかし快適に暮らす、僕らの本当のトウキョウ・スタイルはこんなものだ！　話題の写真集文庫化！

自分の仕事をつくる　西村佳哲

仕事をすることは会社に勤めること、ではない。仕事を「自分の仕事」にできた人たちに学ぶ、働き方のデザインの仕方とは。（稲本喜則）

世界がわかる宗教社会学入門　橋爪大三郎

宗教なんてうさんくさい⁉　でも宗教は文化や価値観の骨格であり、それゆえ紛争のタネにもなる。世界宗教のエッセンスがわかる充実の入門書。

ハーメルンの笛吹き男　阿部謹也

「笛吹き男」伝説の裏に隠された謎はなにか？　十三世紀ヨーロッパの小さな村で起きた事件を手がかりに中世における「差別」を解明。（石牟礼道子）

増補　日本語が亡びるとき　水村美苗

明治以来豊かな近代文学を生み出してきた日本語が、いま、大きな岐路に立っている。我々にとって言語とは何なのか。第8回小林秀雄賞受賞作に大幅増補。

子は親を救うために「心の病」になる　高橋和巳

子は親が好きだからこそ「心の病」になり、親を救おうとしている。精神科医である著者が説く、親子という「生きづらさ」の原点とその解決法。

クマにあったらどうするか　姉崎等　片山龍峯

「クマは師匠」と語り遺した狩人が、アイヌ民族の知恵と自身の経験から導き出した超実践クマ対処法。クマと人間の共存する形が見えてくる。（遠藤ケイ）

脳はなぜ「心」を作ったのか　前野隆司

「意識」とは何か。どこまでが「私」なのか。死んだら「心」はどうなるのか。――「意識」と「心」の謎に挑んだ話題の本の文庫化。（夢枕獏）

モチーフで読む美術史　宮下規久朗

絵画に描かれた代表的な「モチーフ」を手掛かりに美術を読み解く、画期的な名画鑑賞の入門書。カラー図版約１５０点を収録した文庫オリジナル。

異界を旅する能　安田登

「能」は、旅する「ワキ」と、幽霊や精霊である「シテ」の出会いから始まる。そして、リセットが鍵となる日本文化を解き明かす。（松岡正剛）

見えるものと観えないもの　横尾忠則

アートは異界への扉だ！　吉本ばなな、島田雅彦から黒澤明、淀川長治まで、現代を代表する十一人との、この世ならぬ超絶対談集。（和田誠）

ぼくなりの遊び方、行き方　横尾忠則

日本を代表する美術家の自伝。登場する人物、起こる出来事その全てが日本のカルチャー史！　壮大な物語はあらゆるフィクションを超える。（川村元気）

アンビエント・ドライヴァー　細野晴臣

はっぴいえんど、YMO……日本のポップシーンで様々な花を咲かせ続ける著者の進化し続ける自己省察。帯文＝小山田圭吾（テイ・トウワ）

skmt 坂本龍一とは誰か　坂本龍一＋後藤繁雄

坂本龍一は、何を感じ、どこへ向かっているのか？　独特編集者・後藤繁雄のインタビューにより、独創性の秘密にせまる。予見に満ちた思考の軌跡。

日本美術応援団　赤瀬川原平　山下裕二

雪舟の「天橋立図」凄いけどどこかヘン⁉　光琳にはなくて宗達にはある〝乱暴力〟とは？　教養主義にとらわれない大胆不敵な美術鑑賞法‼

建築探偵の冒険・東京篇　藤森照信

街を歩きまわり、古い建物、変わった建物を発見し調査する〝東京建築探偵団〟の主唱者による、建築をめぐる不思議で面白い話の数々。（山下洋輔）

普段着の住宅術　中村好文

住む人の暮らしにしっくりとなじむ、居心地のよい住まいを一緒に考えよう。暮らす豊かさの滋味を味わう建築書の名著、大幅加筆の文庫で登場。

私の好きな曲　吉田秀和

永い間にわたり心の糧となり魂の慰藉となってきた、最も愛着の深い音楽作品について、その魅力を語る、限りない喜びにあふれる音楽評論。（保苅瑞穂）

世界の指揮者　吉田秀和

フルトヴェングラー、ヴァルター、カラヤン……演奏史上に輝く名指揮者28人に光をあて、音楽の特質と魅力を論じた名著の増補版。（二宮正之）

モチーフで読む美術史2　宮下規久朗
絵の中に描かれた代表的なテーマを手掛かりに美術を読み解く入門書、第二弾。壁画から襖絵まで和洋幅広いジャンルを網羅。カラー図版250点以上！

しぐさで読む美術史　宮下規久朗
西洋美術では、身振りや動作で意味や感情を伝える。古今東西の美術作品を「しぐさ」から解き明かす『モチーフで読む美術史』姉妹編。図版200点以上。

印象派という革命　木村泰司
モネ、ドガ、ルノワール。日本人に人気の印象派の絵は、美術史に革命をもたらした芸術運動だった！　近代美術史の核心を一冊で学べる入門書。

既にそこにあるもの　大竹伸朗
画家、大竹伸朗「作品への得体の知れない衝動」を伝える20年間のエッセイ。文庫では新作を含む木版画、未発表エッセイ多数収録。（森山大道）

眼の冒険　松田行正
森羅万象の図像を整理し、文脈を超えてあらわれる象徴的な意味を読み解くことで、デザイン的思考の臨界に迫る。図版資料満載の美装文庫。（鷲田清一）

シャネル　山田登世子
最強の企業家、ガブリエル・シャネル。彼女のブランドと彼女の言葉は、抑圧された世界の女性を鮮やかに解き放った――その伝説を一冊に。（鹿島茂）

グレン・グールド　青柳いづみこ
20世紀をかけぬけた衝撃の演奏家の遺した謎をピアニストの視点で追い究め、ライヴ演奏にも着目、つねに斬新な魅惑と可能性に迫る。（小山実稚恵）

音楽放浪記　世界之巻　片山杜秀
クラシック音楽を深く愉しみたいなら、歴史的な脈絡をつけて聴くべし！　古典から現代音楽を整理し、音楽の本質に迫る圧倒的な音楽評論。（三浦雅士）

音楽放浪記　日本之巻　片山杜秀
山田耕筰、橋本國彦、伊福部昭、坂本龍一……。伝統と西洋近代の狭間で、日本の音楽家は何を考えたか？　稀代の評論家による傑作音楽評論。（井上章一）

歌を探して　友部正人
詩的な言葉で高く評価されるミュージシャン自ら選んだベストエッセイ。最初の作品集から書き下ろしまで。帯文＝森山直太朗（谷川俊太郎）

文化防衛論　三島由紀夫

「最後に護るべき日本」とは何か。戦後文化が爛熟した一九六九年に刊行され、各界の論議を呼んだ三島由紀夫の論理と行動の書。（福田和也）

三島由紀夫と楯の会事件　保阪正康

社会に衝撃を与えた1970年の三島由紀夫割腹事件はなぜ起きたのか？　憲法、天皇、自衛隊を論じたあの時代と楯の会の軌跡を追う。（鈴木邦男）

ロシア文学の食卓　沼野恭子

前菜、スープ、メイン料理からデザートや飲み物まで。「食」という観点からロシア文学の魅力に迫る読書案内。カラー料理写真満載。（平松洋子）

どうにもとまらない歌謡曲　舌津智之

大衆の価値観が激動した1970年代。誰もが歌えた「あの曲」が描く「女」と「男」の世界の揺らぎ――衝撃の名著、待望の文庫化！（斎藤美奈子）

中華料理の文化史　張競

フカヒレ、北京ダック等の歴史は意外に浅い。ではそれ以前の中華料理とは？　孔子の食卓から現代まで、風土、異文化交流から描きだす。（佐々木幹郎）

期待と回想　鶴見俊輔

「わたしは不良少年だった」15歳で渡米、戦時下の帰国、戦後50年に及ぶ『思想の科学』の編集……自らの人生と思想を語りつくす。（黒川創）

圏外編集者　都築響一

既存の仕組みにとらわれることなく面白いものを追い求め、数多の名著を生み出す著者による半生とともに「編集」の本質を語る一冊が待望の文庫化。

春画のからくり　田中優子

春画では、女性の裸だけが描かれることはなく、男女の絡みが描かれる。男女が共に楽しんだであろう性表現に凝らされた趣向とは。図版多数。

増補　エロマンガ・スタディーズ　永山薫

制御不能の創造力と欲望で数多の名作・怪作を生んできた日本エロマンガ。多様化の歴史と主要ジャンルを網羅した唯一無二の漫画入門。（東浩紀）

官能小説用語表現辞典　永田守弘編

官能小説の魅力は豊かな表現力にある。本書は創意工夫の限りを尽したその表現をピックアップした、日本初かつ唯一の辞典である。（重松清）

ちくま文庫

地球《ちきゅう》のレッスン

二〇一六年 一月 十日 第一刷発行
二〇二三年十二月十五日 第三刷発行

著者 北山耕平（きたやま・こうへい）
発行者 喜入冬子
発行所 株式会社 筑摩書房
東京都台東区蔵前二―五―三 〒一一一―八七五五
電話番号 〇三―五六八七―二六〇一（代表）
装幀者 安野光雅
印刷所 三松堂印刷株式会社
製本所 三松堂印刷株式会社

ISBN978-4-480-43325-1 C0195